Terre Des Lettres

LE LABO DE GRAMMAIRE 5e

Anne-Christine Denéchère
Certifiée de Lettres classiques
Collège Clément Janequin (Montoire-sur-le-Loir)

Catherine Hars
Certifiée de Lettres modernes
Collège Pilâtre de Rozier (Wimille)

Véronique Marchais
Agrégée de Lettres modernes
Collège du Val de l'Indre (Monts)

Anne-Sophie Muraro
Certifiée de Lettres modernes
Collège Jules Romains (Saint-Avertin)

Claire-Hélène Pinon
Certifiée de Lettres modernes
Académie de Paris

Nathan

Sommaire

Période 1

Période 2

Période 3

Sommaire

Mes leçons

LE LABO **DE GRAMMAIRE** Terre Des Lettres

Trop d'élèves échouent en grammaire non par incapacité, mais parce qu'ils ne savent pas apprendre et confondent les notions. L'équipe de *Terre des Lettres* propose deux outils combinés pour apporter à ce problème des solutions efficaces qui s'appuient sur les méthodes d'apprentissage validées par les sciences cognitives : ce « laboratoire de grammaire », c'est la rencontre de la rigueur de *Terre des Lettres* dans l'enseignement de la grammaire, avec des progressions méthodiques assurant le réinvestissement permanent des notions étudiées, et la performance du numérique pour un accompagnement individualisé dans les apprentissages.

Un cahier pour apprendre

➜ Comprendre et retenir

Chaque fiche de grammaire comprend une partie « **Qu'avez-vous retenu ?** », qui peut s'appuyer sur les leçons en fin d'ouvrage ou le cours du professeur.
L'élève associe par exemple une définition rigoureuse à sa reformulation dans une langue plus simple, ou est invité à élaborer sa propre définition avec des mots clés.

5 **Le mot *proposition* a un sens proche de :** ○ proposer ○ propos ○ position

6 **Formulez la définition du mot *proposition* en utilisant les mots-clés suivants :**

groupe | verbe | idée | mots | sujet

....

....

Le système de **fiche à compléter** oblige l'élève à retrouver ce qu'il faut retenir et lui indique précisément ce qu'il doit savoir et savoir faire.

➜ Une pédagogie progressive et différenciée

La fiche est ensuite divisée **en trois étapes**.

1. « **Acquérir des automatismes** » consiste en exercices d'application simples destinés à favoriser la mise en place d'automatismes, afin de permettre l'allègement de la charge cognitive dans le raisonnement et le transfert des connaissances dans des situations plus complexes.
2. « **Développer la réflexion** » croise les nouvelles notions avec les notions antérieures pour travailler l'orthographe et la syntaxe.
3. « **Enrichir l'écriture** » mobilise la notion étudiée afin d'améliorer l'expression écrite.

Le professeur peut utiliser ce découpage pour **différencier le travail en classe**, en réservant par exemple la troisième partie aux élèves rapides, qui finissent souvent avant les autres.

TDLab, le logiciel compagnon

→ Une optimisation des apprentissages

Chaque leçon est déclinée sous forme de **quiz numérique** pour que l'élève puisse s'entraîner autant de fois que nécessaire, en recevant à chaque essai le *feedback* qui lui permet de progresser.

Ces **quiz** peuvent être réalisés de différentes façons :

1. **Le professeur donne un quiz précis à faire**, via l'ENT, pour faire apprendre une leçon. Il peut vérifier d'un simple coup d'œil que le travail a été fait et a accès au score de chaque élève.
2. **Le professeur demande de se connecter en mode « révision »** : chaque élève se voit alors proposer une série de questions personnalisée, générée par un algorithme qui lui présente ce qu'il doit revoir en priorité. Là encore, le professeur peut vérifier le travail et suivre l'évolution du score des élèves leçon par leçon.
3. **Un élève peut à tout moment se connecter en mode « révision » pour s'entraîner** avec des questions personnalisées.

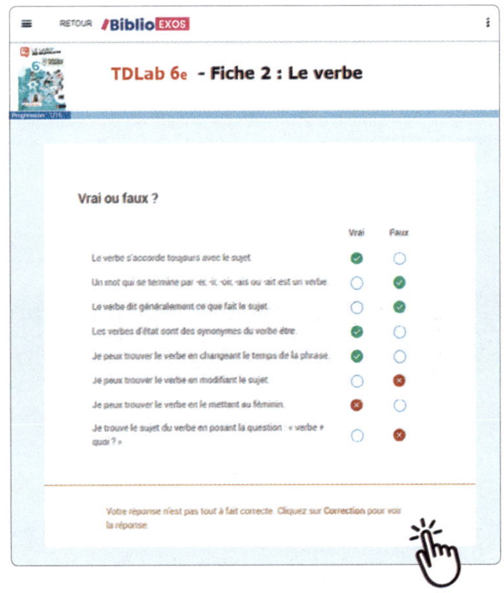

→ Une différenciation facilitée

Les exercices en ligne rendent aisée la différenciation. En effet, le logiciel continue de présenter à chaque élève les exercices qu'il n'a pas réussis, élaborant ainsi pour chacun un **plan de travail personnalisé**. Le professeur peut, à l'issue de chaque cours, assigner à un élève des exercices précis ou simplement lui demander de réaliser son propre plan de travail déterminé par l'algorithme. **Les exercices sont corrigés automatiquement avec l'apport d'explications quand c'est nécessaire**.

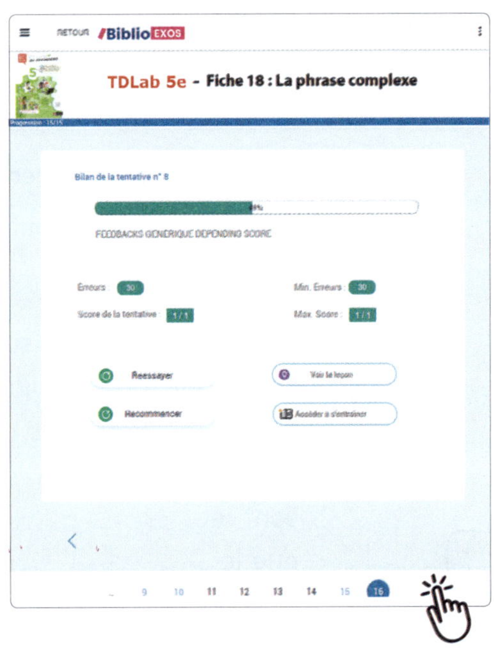

L'esprit Terre Des Lettres

Ces cahiers s'inscrivent dans la continuité de la démarche de *Terre des Lettres*, qui revendique méthode, clarté et exigence. Cette exigence est rendue accessible par un travail progressif et rigoureux, et un soutien constant dans les apprentissages. Ainsi, tous les élèves sont capables de progresser significativement dans la maîtrise de la langue.

01 Les mots variables

Qu'avez-vous retenu ?

1 Complétez le schéma en citant les cinq natures de mots variables.

.... ← Mots variables → ....

.... ← Mots variables → ....

Mots variables → ....

2 Expliquez avec vos propres mots ce qu'est un mot variable et donnez un exemple.

....

....

....

3 Complétez les phrases suivantes.

a. Le verbe exprime une .... (*marcher, rêver…*) ou un .... (*être, sembler…*). On peut toujours le ....

b. Un nom est un mot qui permet de .... une .... (*une fille, un menuisier…*), un .... (*un chat…*), une .... (*un buffet…*) ou une .... (*la vérité, la justice…*). Devant un nom, on peut mettre un ....

c. Le pronom désigne quelqu'un ou quelque chose sans le .... Il remplace en général un .... ou un .... et permet d'en éviter la ....

d. L'adjectif qualificatif qualifie un .... ou un .... Il s'accorde en .... et en .... avec le mot qu'il .... Le .... d'un verbe peut être employé comme adjectif.

4 Recopiez la phrase en remplaçant *qualifie* par une expression de même sens :

L'adjectif qualificatif qualifie un nom.

→ L'adjectif qualificatif .... / .... sur le nom.

5 Complétez les phrases suivantes.

a. En général, un déterminant est placé devant un ....

b. En général, un pronom est placé devant un ....

c. Les deux seules natures de mots qui peuvent désigner quelqu'un ou quelque chose sont le .... et le .... La différence entre les deux est que le .... permet de nommer ce dont on parle, alors que le pronom .... quelqu'un ou quelque chose sans le ....

6 a. Donnez des exemples de déterminants.

....

b. Donnez des exemples de pronoms.

....

Mon score sur TDLab

.... %

★ Acquérir des automatismes

1 **Entourez les noms communs et soulignez les déterminants. Indiquez le genre et le nombre des groupes nominaux ainsi trouvés.**

« Les gros yeux du professeur roulaient sans cesse derrière des lunettes considérables ; son nez, long et mince, ressemblait à une lame affilée ; les méchants prétendaient même qu'il était aimanté et qu'il attirait la limaille. C'était une pure calomnie : il n'attirait que le tabac [...]. »

D'après Jules Verne, *Voyage au centre de la Terre*, 1864

....

....

....

2 **Dans le texte, dites à quel(s) nom(s) ou GN renvoient les pronoms soulignés.**

« Mon équipage et moi débarquons peu après dans une petite île. J'<u>en</u> prends possession au nom du Roi et de la Reine comme <u>ils</u> me l'avaient demandé. Alors <u>nous</u> vîmes des gens nus très dépourvus de tout ; en effet, <u>ceux-ci</u> n'ont pas de fer. Je crois qu'<u>ils</u> se feraient aisément chrétiens, car il <u>m'</u>a paru qu'<u>ils</u> n'étaient d'aucune religion. Je m'employais à savoir si, en ce lieu, il <u>y</u> avait de l'or. À force de signes, je pus comprendre qu'au sud était un roi qui <u>en</u> possédait. J'espérai <u>le</u> rencontrer rapidement. »

D'après Christophe Colomb, *Journal*, 1492-1493

....

....

....

3 **Soulignez les adjectifs qualificatifs et entourez les noms ou pronoms auxquels ils renvoient.**

« Le soleil était arrivé au tiers de sa course à peu près, et ses rayons de mai donnaient, chauds et vivifiants, sur ces rochers, qui eux-mêmes semblaient sensibles à sa chaleur ; des milliers de cigales, invisibles dans les bruyères, faisaient entendre leur murmure monotone et continu ; les feuilles des myrtes et des oliviers s'agitaient frissonnantes, et rendaient un bruit presque métallique [...]. »

Alexandre Dumas, *Le Comte de Monte-Cristo*, 1844-1846

4 **Pour chaque nom, donnez un verbe et un adjectif qualificatif de la même famille.**

– la vie : .... – la frayeur : ....

– la pluie : .... – le courage : ....

– la splendeur : .... – le travail : ....

5 **Remplacez les groupes en gras par un adjectif qualificatif de même sens.**

1. Un lieu **où règne le silence** : ....
2. Un homme **que l'on ne peut vaincre** : ....
3. Une tempête **qui dévaste tout** : ....
4. Un espace **où l'on peut habiter** : ....

Période 1

6 Entourez les verbes conjugués et mettez les propositions entre crochets.

1. Lorsque nous arriverons, mon frère sera déjà parti.
2. Patrice souhaitait aller en vacances en Islande mais il craignait de prendre l'avion.
3. Tom se lève, descend les escaliers, ouvre la porte d'entrée et pénètre dans le jardin.
4. De vastes espaces se dressaient devant les voyageurs ébahis par la majesté du lieu.

★★ Développer la réflexion

7 Parmi les mots en gras, soulignez en bleu les pronoms et en vert les déterminants.

1. **Leurs** filles sont bien élevées : **elles** saluent **les** voisins chaque fois qu'**elles les** voient.
2. **J'**ai oublié **mon** compas. As-**tu** pris **le tien** ?
3. **La** tante Mélina ne supporte pas que **ses** nièces viennent **la** voir. **Elle leur** signifie donc qu'**elles** ne sont pas **les** bienvenues et fait tout pour rendre **leur** séjour désagréable.
4. **Tu leur** avais pourtant dit qu'**ils** n'**y** retourneraient pas de sitôt.
5. **Ce** modèle ne **me** convient pas. **Je** préfère **celui-ci**.

8 Parmi les mots en gras, soulignez en bleu les noms et en vert les adjectifs qualificatifs.

1. Ce **méchant** homme les terrorisait. 2. Le héros vainc toujours les **méchants**. 3. Le **rouge** est une couleur chaude. 4. Elle porte un foulard **rouge**. 5. Les **anciens** prodiguent de **sages** conseils à la jeunesse. 6. Je collectionne les livres **anciens**. 7. Les **sages** ont une **fine** connaissance du monde et de l'existence **humaine**. 8. Une **grande** voix **sinistre** se fit entendre.

9 Parmi les mots en gras, soulignez en bleu les noms et en rouge les verbes.

1. La **classe** était silencieuse ce jour-là. 2. Pierre **classe** ses documents. 3. Le brigand partit chercher son **arme**. 4. Le commandant **arme** ses troupes. 5. Je te **conseille** d'y réfléchir. 6. Suis donc son **conseil** ! 7. Tu **songes** à partir. 8. La nuit est propice aux plus beaux **songes**.

Regardez si le mot exprime une action ou s'il apporte une précision sur un nom ou un pronom.

10 Choisissez la bonne réponse. Si le mot est un participe passé employé comme adjectif, soulignez-le ; si c'est un verbe, entourez-le.

1. *Muni / munit* de son épée, le chevalier s'élance vers le géant. 2. Avant de sortir, il *se muni / se munit* d'un parapluie. 3. Le courrier *reçu / reçut* aujourd'hui est peu intéressant. 4. Le chercheur *reçu / reçut* les félicitations de ses pairs. 5. Une fois l'émission *fini / finie / finit*, il alla se coucher. 6. Léon ne *fini / finit* jamais son assiette. 7. Il compte les kilomètres ainsi *parcouru / parcourus / parcourut*. 8. Le voyageur *parcouru / parcourut* de nombreuses contrées.

11 Classez les mots soulignés selon leur nature grammaticale (nom, déterminant, pronom, adjectif qualificatif, verbe).

> « [...] Croc-Blanc entendit se rapprocher des bruits insolites. Il ne tarda pas à les identifier, car il reconnut rapidement qu'ils avaient une origine humaine. Puis, les différents représentants de la tribu firent leur apparition en ordre dispersé. Au milieu d'une quarantaine de personnes lourdement chargées, il y avait de nombreux chiens et ceux-ci, à l'exception des jeunes chiots, transportaient aussi du matériel. »
>
> D'après Jack London, *Croc-Blanc*, 1923

....

....

....

....

....

....

★★★

Enrichir l'écriture

12 Ajoutez un adjectif qualificatif qui précisera le nom souligné. Attention aux accords !

1. Les marins .... faisaient face à une .... tempête.
2. Le .... chevalier se saisit de sa .... lance et partit combattre les armées ....
3. Un grondement .... se fit entendre dans la nuit ....
4. Ce chemin .... et .... leur semblait difficile d'accès.

13 Évitez les répétitions en employant un pronom.

1. Alice cuisine divinement bien mais Alice ne livre ses secrets à personne.

....

2. Je te prête souvent mon matériel car il est rare que tu aies ton matériel.

....

3. J'aime cet endroit. Je reviendrai dans cet endroit dès que je le pourrai.

....

4. Cette robe me plaît. En revanche, je trouve cette robe-là peu élégante.

....

5. Gilles et Laurent ne sont pas encore arrivés mais nous attendons Gilles et Laurent avec impatience.

....

....

14 a. Soulignez en bleu les pronoms, en rouge les déterminants et en vert les adjectifs qualificatifs.

Le voyageur a parcouru l'ensemble des régions du globe. Toutefois, il existe une contrée encore inconnue de lui. Enthousiaste et déterminé, il s'apprête à partir à la conquête de cet endroit sauvage. Cela ne l'effraie nullement et la perspective du danger ne saurait le pousser à renoncer à son projet grandiose, même si de nombreuses personnes le croient fou.

Orthographe

b. Récrivez ce texte en remplaçant « Le voyageur » par « Les voyageurs ». Faites toutes les modifications nécessaires. Attention aux accords !

Période 1

02 Sujet, verbe, proposition

Qu'avez-vous retenu ?

1 **Notez quatre critères de reconnaissance du verbe.**

....

Le verbe

....

2 **Formulez la définition du verbe en une phrase.**

....

3 **Donnez cinq exemples de verbes à l'infinitif.**

....

4 **Comment trouve-t-on le sujet d'un verbe ? Expliquez et donnez un exemple.**

....

....

....

....

5 ***Proposition*** **a un sens proche de :** ○ proposer ○ propos ○ position

6 **Formulez la définition de *proposition* en utilisant les mots-clés suivants :**

groupe | verbe conjugué | idée | mots | sujet

....

....

7 **Complétez les définitions.**

a. Une phrase .... est une phrase qui contient un seul ...., donc une seule ....

b. Une phrase .... est une phrase qui contient .... verbes conjugués, donc .... propositions.

8 **Donnez un exemple de phrase simple et un exemple de phrase complexe. Entourez les verbes noyaux des propositions, soulignez les sujets ; mettez les propositions entre crochets.**

....

....

....

Mon score sur TDLab

.... %

Acquérir des automatismes

1 Dans les phrases, entourez les verbes conjugués et précisez si les phrases sont simples ou complexes.

1. Quand le chat n'est pas là, les souris dansent. ....
2. Retentirent alors les sonneries de dizaines de trompettes. ....
3. Le navire, toutes voiles dehors et orné de mille couleurs, entrait dans le port. ....
4. Prenez une feuille, déclara le professeur, nous allons faire le contrôle qui était prévu. ....
5. Aramis, inquiet, marchait de long en large, allait à la fenêtre, revenait, se jetait dans un fauteuil et se relevait aussitôt. ....

2 Lisez le texte. En visualisant chaque phrase et en vous demandant qui fait quoi, soulignez les sujets et entourez les verbes conjugués.

Victor s'est approché sur la pointe des pieds et a collé son oreille à la porte. Dans la pièce résonnaient les voix de deux hommes. Leurs paroles, échangées d'un ton vif, couvraient les gémissements d'une troisième personne. Soudain, une lumière s'est allumée au bout du couloir, et un instant après est apparue face à Victor une haute silhouette.

3 Soulignez le sujet des verbes en gras et écrivez leur terminaison comme il convient, au présent.

1. Mes frères m'**agac**................ souvent mais je les **aim**....... tendrement.
2. Le foyer des élèves, ouvert à tous entre midi et deux heures, **se trouv**............ à côté de la salle de permanence.
3. Les questions que vous **pos**....... maître Eloras vous **mett**................ peut-être en difficulté.
4. Quelle musique **écout**..............-tu le plus souvent ?
5. Cette espèce d'oiseaux, particulièrement belle, **risqu**....... de disparaître et les savants du monde entier la **défend**................ contre les projets industriels qui la **met**................. en danger.

4 Dans les phrases, entourez le verbe qui indique ce que fait le sujet, soulignez ce sujet.

Le sujet du verbe est dans la même proposition.

1. Près de la fontaine se tenait une jeune femme. **2.** La jeune femme, belle comme le jour, attirait tous les regards. **3.** Le cheval, effrayé par les cris, s'est cabré brusquement. **4.** Les élèves punis par le professeur attendaient piteusement dans le couloir. **5.** Arrivèrent alors, alertés par les cris, deux agents de police. **6.** Connaissez-vous, dans les environs, un bon restaurant ?

5 Dans les phrases, entourez les verbes conjugués, soulignez leur sujet. Précisez si la phrase est simple ou complexe.

1. Marie se leva, monta sur scène et salua. ....
2. Perceval, impressionné par les chevaliers, s'est lancé à leur suite sans cesser de leur poser toutes sortes de questions. ....
3. Devant nous marcheront les gardes de la reine. ....

4. Dans les souterrains du château se trouve, bien caché au milieu des coffres et des vieilleries, le trésor des princes de Léon. ....

5. Les punitions que donnait ce professeur étaient particulièrement longues et difficiles. ....

6. Jim nous expliqua alors quel plan terrible avaient préparé les pirates. ....

★★ **Développer la réflexion**

Le sujet peut être une proposition complète.

6 **Dans les phrases suivantes, soulignez le sujet du verbe en gras et précisez sa nature.**

1. Au milieu du pré **se dressait**, haut et fier, un immense marronnier. ....
2. Cuisiner **était** pour Romuald un plaisir autant qu'un travail. ....
3. Quelles personnes **avaient**-ils **choisies** pour cette délicate mission ? ....
4. Celles-ci, pressées par le temps, **décidèrent** d'emprunter un raccourci. ....
5. Qu'il ose venir ici **paraît** tout simplement incroyable. ....

7 **Dans les phrases, entourez les verbes conjugués, soulignez leur sujet. Mettez les différentes propositions entre crochets.**

1. Les marins avaient regagné leur poste en grommelant.
2. Les enfants se sont levés à l'aube, ont passé des vêtements chauds et enfilé de solides chaussures, puis ils se sont mis en route.
3. Les pirates avaient établi leur repaire sur une île où ils trouvaient de quoi subvenir à leurs besoins.
4. Lancelot ôta ses gants et, ému et tremblant, aida la reine à descendre de cheval.
5. Entrèrent à la suite du roi douze chevaliers qui prirent place autour de la table.
6. Je n'étais encore jamais entré dans ce château, déclara Pio avec émotion.

8 **Veillez à ne pas confondre verbe conjugué et participe passé employé comme adjectif : parmi les mots en gras, entourez les verbes conjugués et soulignez les participes passés employés comme adjectifs.**

1. Ses vieux souliers **percés prenaient** l'eau, si bien que ses pieds **finissaient trempés**.
2. Dans cette cave humide **s'amoncelaient** les armures **rouillées** et les épées **ébréchées**.
3. **Embarrassée**, la reine n'**osait** pas regarder Lancelot.
4. **Venaient** ensuite les dames de la cour, **habillées** de leurs plus beaux atours.
5. Perceval, très **étonné** par les chevaliers **armés** et **casqués**, **posait** toutes sortes de questions.

Orthographe

9 **a. Ajoutez aux verbes conjugués, en rouge dans les phrases, la terminaison qui convient : -ais, -ait, -aient. Pour réussir, soulignez leur sujet.**

b. Accordez les participes passés employés comme adjectifs, en vert dans les phrases, comme il convient. Pour réussir, reliez-les d'une flèche au nom qu'ils qualifient.

1. La jeune femme, épuis.......... par toutes ces épreuves, dorm.......... encore quand Aramis arriva.
2. Du haut du donjon, le roi contempl.......... les chevaux équip.......... pour le combat.

3. Ces chiens, **entraîn**.......... à reconnaître l'odeur de nombreuses drogues, **ét**................ très utiles aux policiers.
4. Le visage **rid**....... de la vieille femme **exprim**........... une grande douceur.
5. Les petites élèves, **excit**............ par cette surprise, se précipitèrent dans la salle que **décor**................ un grand sapin **orn**........ de guirlandes, une énorme étoile argentée et des paquets multicolores.

10 Dans le texte, entourez les verbes conjugués et mettez les propositions entre crochets.

« Holmes avait des manières paisibles et des habitudes régulières. Il était rare qu'il fût encore debout après dix heures du soir et, invariablement, il avait déjeuné et était déjà sorti avant que je ne me lève, le matin. Parfois, il passait toute la journée au laboratoire de chimie, d'autres fois, c'était dans les salles de dissection. »

Arthur Conan Doyle, *Une étude en rouge*, 1887

★★★

Enrichir l'écriture

11 Séparez les différentes propositions de chaque phrase par des virgules.

1. Les arbres verdissaient un beau soleil luisait à travers les feuillages les oiseaux chantaient de toutes parts.
2. Lancelot ôta son armure recommanda son âme à Dieu et s'engagea sur le pont.
3. Roland éperonna son cheval s'élança au galop fondit sur son adversaire leva son épée et lui asséna un coup terrible.

12 Transformez chaque série de phrases simples en une seule phrase complexe, en ayant soin d'éviter les répétitions inutiles.

1. Perceval fit un pas en avant. Il défia son adversaire. Il dégaina son épée. Il se mit en position.

....

....

2. Lancelot a enfilé son armure. Il a ceint son épée. Il a ajusté son heaume. Et il s'est mis en route.

....

....

3. Roland a saisi son épée. Olivier a saisi sa lance. Et tous deux se sont élancés dans la mêlée.

....

....

13 Dans votre cahier, en cinq à huit lignes, racontez un combat entre deux chevaliers. Pour donner du rythme à l'action, utilisez des phrases complexes et évitez les répétitions inutiles. Soignez aussi le vocabulaire. Vous pouvez utiliser les verbes suivants : *se ruer, dévaler, asséner, décocher, frapper, fracasser, esquiver*…

03 L'accord du verbe avec son sujet

Qu'avez-vous retenu ?

1 Pour trouver le sujet d'un verbe, on pose la question :

....

2 L'accord du verbe avec le sujet se traduit, à presque tous les temps, par des marques de personne régulières.

Je .... Nous ....
Tu .... Vous ....
Elle / Il .... Elles / Ils ....

3 Exception 1 : au présent de l'indicatif des verbes en *-er*, on trouve les marques de personne suivantes :

Je .... Nous ....
Tu .... Vous ....
Elle / Il .... Elles / Ils ....

4 Exception 2 : au passé simple des verbes en *-er* et au futur simple de tous les verbes, on trouve les marques de personne suivantes :

Je .... Elle / Il ....
Tu ....

5 Pour bien orthographier un verbe, il faut donc :

a. chercher son .... ;
b. vérifier son .... ;
c. connaître les ....

6 Vrai ou faux ?

a. Le sujet est toujours devant le verbe. ○ Vrai ○ Faux
b. Le sujet est toujours proche du verbe. ○ Vrai ○ Faux
c. Les pronoms *le*, *la*, *les*, *leur* peuvent être sujets du verbe. ○ Vrai ○ Faux
d. Les pronoms *je*, *tu*, *elle(s)*, *il(s)*, *on* sont toujours sujets du verbe. ○ Vrai ○ Faux

7 Appliquez les marques de personne aux verbes suivants, que vous mettrez au temps indiqué.

Voir (*présent*) : il .... Prendre (*présent*) : elle ....
Envoyer (*présent*) : il .... Donner (*futur*) : je ....
Prendre (*présent*) : je .... Donner (*passé simple*) : je ....

Mon score sur TDLab

.... %

★ Acquérir des automatismes

1 Soulignez le sujet des verbes en gras et à l'oral précisez de quelle personne il s'agit.

1. Les élèves, absorbés par leur travail, ne **remarquèrent** pas l'entrée du directeur. 2. Entre les deux bâtiments de l'école **se dressait** un petit édifice où **se trouvaient** des bureaux. 3. Hélène et Gustave nous **apporteront** des vivres. 4. Toi et moi, dès que le soleil sera levé, **partirons** vers l'est. 5. L'élève qu'**a appelé** le professeur **se présentera** au bureau de la vie scolaire. 6. Les rayons du soleil, en se posant sur cette carte, nous **indiqueront** l'entrée du passage secret.

2 Soulignez le sujet du verbe entre parenthèses et conjuguez ce verbe au présent.

1. L'élève, attentif aux conseils, (*recopier*) .... sa leçon, (*écrire*) .... soigneusement.
2. Lilian et sa mère (*emprunter*) .... ce chemin.
3. Les fleurs de ce bouquet (*répandre*) .... un délicieux parfum.
4. Au centre de la pièce (*se trouver*) .... les statues.
5. En cette saison (*arriver*) .... le vent, la pluie et les tempêtes.
6. Le matériel des élèves (*s'accumuler*) .... sur les étagères.
7. Au détour d'un sentier (*surgir*) .... deux loups gigantesques.

3 Soulignez le sujet du verbe et entourez la forme verbale qui convient.

1. Je ne les *aime / aimes / aiment* pas. 2. Ils nous les *donnerons / donneront* demain. 3. Je vous *avais / avez* prévenus. 4. On *finis / finit / finient* à quatre heures. 5. Il te *renvoit / renvoie / renvoies* ton courrier. 6. Je *parie / paris* que je *franchie / franchis* cette rivière d'un bond 7. Ces histoires t'*ennuies / ennuyes / ennuient*. 8. Les enfants, qui *voulais / voulait / voulaient* profiter du soleil, nous *rejoindrons / rejoindront* plus tard.

4 Écrivez la fin des verbes comme il convient.

1. **À l'imparfait :** il venai... – elles jouai............ – on connaissai....... – je promettai........ – vous savi.......... – ils remettai............ – je voulai........ – vous dessini..........
2. **Au présent :** j'accompli....... – tu photographi.......... – je réfléchi....... – ils ri........... – on obéi....... – tu appplaudi....... – elles s'écri........... – tu étudi......... – je dépli....... – tu clou.......... – il mou........ – j'avou........ – je cou.......... – ils échou........... – le café bou.... – on jou....... – on salu....... – ils continu............ – je conclu........ – tu remu.......... – il exclu....... – je distribu........
3. **Au futur :** je manger......... – ils donner........... – nous finir........... – tu commencer.......... – je partir......... – elle dormir.........
4. **Au passé simple :** je décid......... – il attrap........ – tu enlev.......... – je frapp......... – je dessin.........

5 Recopiez la phrase suivante en mettant le récit à la première personne du singulier.

> « Tifernand entend qu'on l'appelle, voit des visages ; peut-être qu'il répond par oui ou par non à ce qu'on lui dit, mais il dort quand même... »
>
> Charles Vildrac, *L'Île rose*, 1924

Faites bien attention à tous les mots qui renvoient au sujet.

Période 1

★★

Développer la réflexion

6 Dans les phrases suivantes, entourez les verbes conjugués, soulignez leur sujet, mettez les propositions entre crochets.

1. Les enfants, alertés par le bruit, dévalèrent les escaliers et se mirent à pousser des cris.
2. À la suite du roi entrèrent cinq chevaliers armés ; ils s'installèrent autour de la table où les attendait Merlin.
3. Dans la cheminée flambait un bon feu qui nous réchauffait agréablement.
4. Les canards, sur la berge du lac, se dandinent en cherchant des herbes.
5. Au centre de la table trônait un magnifique gâteau qu'avait préparé ma mère.

7 Entourez le verbe conjugué, soulignez son sujet. À l'oral indiquez sa nature.

1. Elles sont en colère. 2. Au-dessus de notre tête planait un aigle énorme. 3. Sortir te fera du bien. 4. Dans ce pays vit un roi cruel. 5. Eux, fascinés par la sorcière, ne disaient rien. 6. Quel film avez-vous vu ? 7. Réfléchir est nécessaire pour répondre correctement.

8 Complétez la terminaison des verbes en les conjuguant au présent.

1. L'ogre sen......... une odeur de chair fraîche et compren.......... que des enfants se cach............ quelque part. 2. Je ramass........ des fruits et les apport........ à la cuisine. 3. Face à nous s'approch........... deux gaillards à l'air peu commode. 4. Tu n'oubli.......... jamais ton matériel et le prêt.......... volontiers. 5. Le chat, le loup et le sanglier s'approch............ silencieusement de la maison et entr............ par une fenêtre. 6. Laurène et toi, chaque week-end, pouv......... skier, et je vous envi........ beaucoup. 7. Le défilé des enfants, qui port............ toutes sortes de costumes, charm........ les spectateurs.

9 Entourez les verbes qui expriment l'action accomplie par le sujet, soulignez les participes passés employés comme adjectifs, et justifiez leur orthographe à l'oral.

1. Des requins affamés tournaient autour de notre barque. 2. Effrayé par la foule, le nouvel élève restait à l'écart. 3. Dans la pièce se trouvaient, élégants et distingués, trois soldats en uniforme. 4. La chanteuse, acclamée par la foule, distribuait des autographes. 5. La voiture accidentée, abandonnée sur un parking, faisait une cachette parfaite. 6. Derrière le paravent, soigneusement cachés, se tenaient Guillaume et Alix.

10 a. Ajoutez aux verbes conjugués, en rouge dans les phrases, la terminaison qui convient : -ais , -ait , -aient . Pour réussir, soulignez leur sujet.

b. Accordez les participes passés employés comme adjectifs, en vert dans les phrases, comme il convient. Pour réussir, surlignez le nom qu'ils qualifient.

1. On confi........... à cet homme les jouets abîmé........, les peluches déchiré.........., et il les répar........... avec soin.
2. Ma tante tri........... les fruits gâté........ qui risqu............... de faire pourrir le reste de la récolte.
3. Les deux garçons, émerveillé........ par le sapin gigantesque orné...... de mille couleurs, ouvr................ de grands yeux.
4. La pomme empoisonné....... qu'av............... découverte les nains apport........... la preuve que la sorcière ét.......... bien la coupable.
5. La surprise que prépar............... les enfants était un secret bien gardé......

6. Ma pauvre amie, tu paraiss.......... préoccup........, alors je me demand.......... comment t'aider.

7. La misérable orpheline, abandonné....... à son sort, port.......... les vêtements usé........ que jet............... les autres habitants.

★★★

Enrichir l'écriture

11 **a. Dans votre cahier, transformez ces phrases simples en une seule phrase complexe, sans répéter le sujet.**

1. Roland éperonne son cheval. Il fond sur son adversaire. Il lui assène de grands coups. Il l'abat, mort, sur le sol.
2. Chaque matin, je m'éveillais avant l'aube. Je m'habillais à la hâte. Je glissais un repas dans un sac. Je me mettais en route afin de voir le soleil se lever sur la mer.
3. Jim esquiva le coup du vieux marin. Il s'enfuit en courant. Il escalada les haubans. Il reprit son souffle sur la vigie. Il sortit son pistolet.

b. Sur le même modèle, inventez trois phrases, à trois personnes différentes, dans lesquelles le même sujet accomplit plusieurs actions.

Attention à l'accord du verbe.

12 **Remplacez « Il y avait » par le verbe entre parenthèses.**

1. Il y avait des arbres au milieu de la cour. (*se dresser*) ....

....

2. Il y avait une rivière dans la forêt. (*serpenter*) ....
3. Il y avait un vieux pont sur la rivière. (*enjamber*) ....
4. Au pied de notre lit, il y avait tous les livres que nous avions à étudier. (*s'empiler*) ....

....

5. Il y avait une palissade le long du jardin. (*courir*) ....

....

6. Il y avait dans ce grenier des vieux objets. (*s'entasser*) ....

....

13 **a. Recopiez les phrases suivantes en plaçant le complément circonstanciel en tête de phrase et en inversant le sujet et le verbe.**

> **Exemple**
> Une silhouette familière se dessinait sur l'horizon.
> → Sur l'horizon se dessinait une silhouette familière.

1. Une étrange clameur montait du camp indien.

....

2. Des paquets brillants et colorés s'amoncelaient au pied du sapin.

....

3. Deux hommes mystérieux se tenaient devant nos yeux ébahis.

....

Attention aux accords.

b. Rédigez trois phrases descriptives avec le complément circonstanciel en tête de phrase. N'employez pas « il y avait » mais des verbes de l'exercice précédent.

Période 1

04 Temps simples et temps composés

Qu'avez-vous retenu ?

1 Complétez les phrases.

a. Lorsqu'un verbe n'est pas conjugué il est à ....

b. Un verbe est soit à un temps .... soit à un temps ....

c. Aux temps ...., le verbe s'écrit en un seul mot, aux temps ...., le verbe s'écrit en deux mots.

d. À chaque temps .... correspond un temps ....

2 Dans la phrase ci-dessous, nommez les différents éléments signalés et entourez le verbe.

Elle est partie.

....

3 Citez les quatre temps simples de l'indicatif.

....

4 Citez les quatre temps composés de l'indicatif.

....

5 Complétez les phrases.

a. Au plus-que-parfait, l'auxiliaire est à ....

b. Au futur antérieur, l'auxiliaire est au ....

c. Au passé antérieur, l'auxiliaire est au ....

d. Au passé composé, l'auxiliaire est au ....

e. Quand l'auxiliaire est au futur simple, le verbe est au ....

f. Quand l'auxiliaire est à l'imparfait, le verbe est au ....

g. Quand l'auxiliaire est au présent, le verbe est au ....

h. Quand l'auxiliaire est au passé simple, le verbe est au ....

6 Complétez les phrases.

a. Le participe passé se forme différemment selon le groupe :

– 1er groupe (verbes en ....) : terminaison en ....

– 2e groupe (verbes en ..../........................) : terminaison en ....

– 3e groupe (autres verbes) : terminaison en ...., ..., ...,ou ....

b. Pour savoir s'il y a un .... ou un .... muet à la fin du participe passé, il suffit de le mettre au ....

Mon score sur TDLab

.... %

★ Acquérir des automatismes

1 Soulignez en rouge les verbes à un temps simple, en bleu ceux à un temps composé.

Sont partis – avais donné – mangera – a pris – avais – serai allée – nagea – ont – vit – est parti – eut fini – aura vu.

Attention aux temps composés.

2 Entourez les verbes conjugués et précisez leur infinitif.

1. Je suis rentrée hier de vacances. .... **2.** Lisette a gagné au loto. .... **3.**Romuald court de plus en plus vite. .... **4.**Veulent-ils rester dehors toute la journée ? .... **5.** Tu n'as pas encore fini de ranger ta chambre. .... **6.** Combien de croissants avez-vous achetés ? .... **7.** Mange ta soupe si tu veux grandir. .... **8.** Marie n'a-t-elle pas déjà beaucoup progressé depuis le début de l'année ? ....

Orthographe

3 a. Donnez le participe passé des verbes suivants.
b. Précisez avec quel auxiliaire ils se conjuguent.

Partir : .... – peindre : .... – être : .... – donner : .... – mettre : .... – se promener : .... – tendre : .... – surprendre : .... – acquérir : .... – tenir : .... – offrir : .... – aller : .... – naître : .... – vivre : .... – mourir : .... – mouvoir : .... – défaire : .... – devenir : .... – descendre : ....

4 Entourez les verbes conjugués et précisez leur temps.

1. La tempête a détruit la cabane que les enfants avaient construite l'été dernier.

....

2. À peine eurent-ils entendu la sonnerie, qu'ils se précipitèrent dans le couloir.

....

3. Vous n'avez pas à vous inquiéter, nous serons arrivés dans une heure.

....

4. Clémentine vous avait bien dit que le magasin était ici. ....

5. Dès demain, nous essaierons l'appareil que tu as fabriqué. ....

★★ Développer la réflexion

5 Choisissez la terminaison correcte : -i , -it ou -is .
Justifiez votre choix en mettant le participe passé au féminin.

1. Lucien est sort....... (......................) alors que nous le lui avions interd......... (..............................).

2. Pourquoi t'es-tu ass......... (......................) par terre alors que j'ai m......... (...................) une chaise ?

3. Éloïse a poursuiv....... (..............................) sa route sans se retourner.

4. Gabin a écr......... (......................) un très beau poème et a conqu.............. (...........................) Luce.

5. Mon grand-père a constru......... (..............................) lui-même sa maison.

Période 1

Orthographe

6 Choisissez a ou à et complétez par -é(s), -ée ou -er.

1. Virginie *a / à* demand........ *a / à* sa mère *a / à* all.......... *a / à* la fête.
2. Benjamin *a / à* ét........ priv........ de dessert et *a / à* dû mang.......... tous les brocolis laiss.......... dans son assiette.
3. Mes frères se sont décid.......... *a / à* répar.......... la toiture après que la pluie *a / à* dégoulin........ dans le grenier.
4. Iris est une amie dévou.......... qui *a / à* toujours cherch........ *a / à* t'aid..........

7 Complétez le tableau.

Verbe	Infinitif	Temps	Temps composé correspondant
Nous irons	**aller**	**futur simple**	**Futur antérieur : nous serons allés**
Vous arrivâtes	....	....	....
Tu peignis	....	....	....
Je peignai	....	....	....
Elles partent	....	....	....
Il menaçait	....	....	....
Vous prendrez	....	....	....
Ils croient	....	....	....
Nous croissons	....	....	....

Orthographe

8 Recopiez le texte en conjuguant les verbes au passé composé.

« Mon pauvre père mourut brusquement cette nuit-là, ce qui me fit oublier tout le reste. Les préparatifs de l'enterrement, le travail de l'auberge qu'il fallait poursuivre m'absorbèrent tellement que je n'eus guère le temps de penser au capitaine. Les choses allèrent ainsi jusqu'au lendemain de l'enterrement. »

D'après Robert Louis Stevenson, *L'Île au trésor*, 1883

9 Conjuguez les verbes entre parenthèses au temps composé qui convient.

1. Le professeur (*remarquer*) .... que certains élèves ont triché lors du dernier contrôle. 2. Quand vous (*choisir*) .... un partenaire, vous irez vous ranger le long de la ligne bleue. 3. À chaque fois que tu relisais les mots qu'elle (*écrire*) ...., elle se demandait si elle (*faire*) .... des fautes. 4. Tous les soirs, Jean se demande s'il (*finir*) .... son travail à temps. 5. Une fois qu'elle (*remplir*) .... son panier, la fillette se mit en route.

★★★ **Enrichir l'écriture**

10 Transformez les phrases selon le modèle, en utilisant le passé antérieur.

Les invités arrivèrent et l'on passa à table.
Dès que les invités furent arrivés, l'on passa à table.

1. La barrière se leva et la voiture démarra.
……………………………………………………………………………………
2. La pluie tomba enfin et les fleurs se redressèrent.
……………………………………………………………………………………
3. La sirène retentit et tout le monde se précipita dans les abris.
……………………………………………………………………………………
4. Gisèle et Artus apportèrent les prunes et Gaston se mit à les compter.
……………………………………………………………………………………
……………………………………………………………………………………

11 Ajoutez à ces phrases une proposition exprimant une action antérieure à celle des verbes en gras.

1. Edwige **fut** très contente.
……………………………………………………………………………………
……………………………………………………………………………………
2. Les paysans **rentreront** le foin.
……………………………………………………………………………………
……………………………………………………………………………………
3. Nicolas **a** droit à une récompense.
……………………………………………………………………………………
……………………………………………………………………………………
4. L'enfant **s'endormait** dans les bras de son père.
……………………………………………………………………………………
……………………………………………………………………………………
5. Nous **eûmes** des sueurs froides.
……………………………………………………………………………………
……………………………………………………………………………………
6. Tu **pourras** acheter une maison.
……………………………………………………………………………………
……………………………………………………………………………………

Attention au temps des verbes que vous employez.

12 Complétez les phrases de façon logique.

1. Dès que les enfants se seront levés, ……………………………………
2. Quand les vacances furent terminées, ……………………………………
3. Nous rentrerons quand ……………………………………
4. À peine eut-elle fini de parler que ……………………………………
5. Comme il avait beaucoup plu ce jour-là, ……………………………………
6. À chaque fois qu'il avait peint, ……………………………………

Période 1

05 Les accords dans le groupe nominal

Qu'avez-vous retenu ?

1 Complétez les phrases.

a. Un groupe nominal est un groupe de .... dont le noyau est ....

b. Le .... indique le genre et le nombre du .... devant lequel il est placé.

c. L'adjectif qualificatif s'accorde en .... et en .... avec le .... qu'il qualifie.

d. La marque du pluriel est généralement le ....; celle du féminin est généralement le ....

2 a. Cochez les terminaisons de noms ou d'adjectifs qui font en général leur pluriel en *-x*.

○ -au ou ○ -eau ○ -eu ○ -ou ○ -al ○ -ail

b. Cochez celles qui doublent la consonne finale au féminin.

○ -el ○ -al ○ -eil ○ -on ○ -if

3 Complétez le tableau.

Nom ou adjectif masculin en…	Féminin en…	Exemple	
-on	*-onne*	lion	lionne
-er	....	boulanger	....
-el	....	naturel	....
-eux	....	heureux	....
-ien	....	ancien	....
-et	....	coquet	....
-f	....	neuf	....
-eil	....	pareil	....
-eur	....	vendeur	....
-teur	....	directeur	....

4 Citez les sept noms en *-ail* qui font leur pluriel en *-aux*.

....

5 Parmi les mots suivants, entourez ceux qui ne font pas leur pluriel en *-aux*.

Journal – bal – cheval – chacal – naval – normal – général – festival – bancal – amical – fatal – natal – médical – oriental – glacial – royal – signal.

6 Dans quels cas les adjectifs de couleur sont-ils invariables ?

....

....

Mon score sur TDLab

.... %

Acquérir des automatismes

1 À l'oral, indiquez le genre et le nombre des mots suivants. Pour quels cas y a-t-il hésitation ?

Rue – jolie – merveilles – heure – frais – vertu – dortoir – violoncelle – amitié – laboratoire – fourmi – couleurs – chefs-d'œuvre – brebis – unique – chameau – glu – châteaux – nouvel.

2 Mettez les expressions suivantes au féminin.

un bon employé ....
un caissier étourdi ....
un aviateur résolu ....
un cheval heureux ....
un berger grec ....
un homme public ....
un paysan breton ....
un enfant léger ....
un coiffeur discret ....
un veuf éploré ....
un époux attentif ....
un acteur naïf ....

Attention, *amour* est masculin au singulier et féminin au pluriel.

3 Mettez les expressions suivantes au pluriel.

un acte banal ....
un bijou orange ....
un clou bleu ....
une orange bleue ....
une histoire banale ....
un fourneau bancal ....
un chou vert clair ....
un régal royal ....
un faux portail ....
un détail fatal ....
un amour fou ....
un travail confus ....

4 Entourez les déterminants et soulignez l'ensemble du groupe nominal qui commence avec ce déterminant. À l'oral, précisez son genre et son nombre.

1. Les jeunes filles souhaitaient attendre le retour de leurs parents.
2. Par un beau matin d'été, tous les élèves décidèrent de faire l'école buissonnière.
3. Tout à coup, une petite alouette fit entendre son joli chant rieur.
4. Nous avons vu ces étranges lueurs : elles brillaient aux sommets des montagnes.

5 Entourez les groupes nominaux dont les noms en gras sont le noyau.

1. Jeanne était au **pain** sec dans le **cabinet** noir. (V. Hugo)
2. Par un heureux **hasard**, le **wagon** de nos parents stoppa exactement devant nous.
3. Ce **tableau** particulièrement émouvant a été peint par Van Gogh.
4. Marc offrait un **spectacle** encore plus étrange quand il traversait le pont par gros temps.
5. Il tenait sa cuisine aussi propre qu'un **sou** neuf, avec ses **plats** bien astiqués accrochés au mur.

6 Faites les accords nécessaires.

1. Hier, nous n'avons ramassé que de gros.......... pomme..........
2. Ces jeune.......... fille.......... muet.......... s'expriment avec des geste.......... éloquent..........
3. De nombreu.......... lac.......... artificiel.......... ont été découvert.......... ces dernier.......... année..........
4. Toutes les inscrit.......... ont participé.......... à la course et les trois premier.......... arrivé.......... sont montées sur le podium.

★★ **Développer la réflexion**

7 Complétez ces phrases avec *leur* ou *leurs*.

1. Ces bûcherons ont construit .... cabanes à l'orée du bois.
2. Jules et Arthur ont supplié .... sœur de finir .... devoirs.
3. Les arbres étalent .... branches sur lesquelles les oiseaux font .... nids.
4. Ils viennent de faire .... provision de pain et sont prêts à accueillir .... amis.

8 Observez le déterminant et choisissez entre *tout* et *tous*.

1. Que .... les garçons se rangent à droite ! **2.** .... le monde n'a pas la chance d'avoir une grande sœur. **3.** Si tu savais .... le temps qu'il m'a fallu pour faire cet exercice ! **4.** On dit que .... les voyages sont profitables. **5.** Odin pense à .... le courage qu'il lui faudra pour réaliser son rêve.

9 Mettez au singulier les expressions suivantes.

ces voyages agréables ....
ces agréables voyages ....
ces amis oubliés ....
ces accidents rares ....
ces rares accidents ....
ces belles étoiles ....

10 Recopiez les phrases suivantes en mettant au pluriel le nom en gras et en faisant les changements nécessaires.

1. Ils se glissèrent à travers cet étroit **soupirail**.

....

2. Pour se préparer à la **compétition**, le sportif doit se contenter d'un **repas** frugal.

....

3. Au fond de l'**océan** bleu, on aperçoit un magnifique **corail** orange.

....

4. C'est par un **spectacle** bien banal que s'est conclu le **festival**.

....

11 Recopiez les phrases suivantes en mettant au singulier le nom en gras et en faisant les changements nécessaires.

1. Ces délicieux petits **pois** se mangent sans faim.

....

2. Tes **discours** confus ne pourront pas me faire changer d'avis.

....

3. Elles étaient en train d'observer de gros **chats** aux **pelages** gris et roux.

....

4. Après de bons **repas** copieux, rien de tel que les **sourires** amicaux de nos **hôtes**.

....

12 Récrivez les phrases selon les consignes entre parenthèses.

1. Le poète (*au féminin*), las de son long exil, sentait renaître en lui l'amour du pays natal ; mais la mer le retenait captif.

2. Les enfants aperçurent, perché sur une branche, un joli petit oiseau (*tourterelle*) blanc comme neige qui chantait si bien qu'ils s'arrêtèrent pour l'écouter.

★★★ Enrichir l'écriture

13 À l'oral, pour chacun des noms suivants, inventez deux phrases où le sens du nom aura changé avec son genre. Pensez à vous aider d'un dictionnaire.

mousse | vase | manche | mode | voile | livre | page | garde

14 Remplacez les groupes en gras par des adjectifs qualificatifs de même sens.

1. Gatien a pris rendez-vous au cabinet **des médecins** car il a une douleur **dans l'abdomen**.
2. La cuisine **d'Espagne** est délicieuse, surtout la paella **de Valence**.
3. Par cette chaleur **d'été**, qu'il est agréable de déambuler le long des chemins **de campagne** !
4. De nos jours, les jeunes écoutent des musiques **qu'on ne peut** absolument **pas entendre**.

Attention à la place des adjectifs.

15 Ajoutez aux groupes nominaux suivants les adjectifs entre parenthèses.

1. la voiture (*petite, grise*)
2. les jours d'autrefois (*heureux*)
3. un mois d'août (*pluvieux, interminable*)
4. des coquillages (*blancs, étranges*)
5. des garçons (*gentils, petits*)
6. un chapeau de paille (*vieux, troué*)
7. une dame (*charmante, vieille*)

Pensez à vous aider d'un dictionnaire.

16 Modifiez les adjectifs de ce texte, de façon à donner l'image d'un petit château en mauvais état. Il sera parfois nécessaire de changer la place de l'adjectif.

La vaste cour du château était illuminée par quatre flambeaux de taille colossale. Un magnifique tapis recouvrait les marches du haut perron et, sur chacune, se dressait une majestueuse statue de fin albâtre. L'entrée, immense, était tendue d'éclatantes tapisseries aux motifs joyeux et bariolés. À droite et à gauche partaient les deux bras d'un escalier monumental, qui se rejoignaient au premier étage. La rampe était une merveille de fer forgé, à la dorure étincelante.

06 Les mots invariables

Qu'avez-vous retenu ?

1 Notez quatre classes de mots invariables à connaître.

....

Mots invariables

....

2 Entourez le préfixe du mot *préposition*.

a. Citez trois autres mots formés avec le même préfixe : ....

b. Quel est le sens de ce préfixe ? ....

c. Que pouvez-vous en conclure sur la place d'une préposition ?

....

d. Avec les mots-clés suivants, rédigez la définition de *préposition*.

invariable | mot | complément | relier

....

e. Écrivez la « phrase » qui permet de retenir la liste des prépositions.

....

3 *Adverbe* (ad-verbe) signifie : mot qu'on ajoute au verbe. Ajoutez au verbe *manger* un mot pour exprimer…

la manière : .... le lieu : ....

Manger

le degré : .... le temps : ....

4 a. Cochez les mots de la même famille que *conjonction* et précisez à l'oral quelle idée leur est commune.

○ un agent ○ un adjoint ○ une fonction ○ joindre ○ un conjoint ○ une injure

b. Avec les mots-clés, écrivez votre définition d'une conjonction.

invariable | mot | relier | groupes | mots

....

5 a. Écrivez la « phrase » qui permet de retenir la liste des conjonctions de coordination.

....

b. Donnez quatre exemples de conjonctions de subordination.

....

....

Mon score sur TDLab

.... %

6 Complétez les phrases suivantes.

Une conjonction de coordination relie deux .... ou .... Une conjonction de subordination relie une proposition .... à une proposition ....

★ Acquérir des automatismes

1 Surlignez les mots ou groupes de mots introduits par les prépositions en gras.

« Cette locomotive qui marchait **à** petite vapeur, **en** jetant de grands coups **de** sifflet, c'était celle qui [...] avait continué sa route **avec** une si effrayante vitesse, emportant le chauffeur et le mécanicien inanimés. Elle avait couru **sur** les rails **pendant** plusieurs milles ; puis, le feu avait baissé, **faute de** combustible ; la vapeur s'était détendue, et une heure après, ralentissant peu à peu sa marche, la machine s'arrêtait enfin **à** vingt milles **au-delà de** la station **de** Kearney. Ni le mécanicien ni le chauffeur n'avaient succombé, et, **après** un évanouissement assez prolongé, ils étaient revenus **à** eux. »

Jules Verne, *Le Tour du monde en quatre-vingts jours*, 1872

2 Dans les phrases suivantes, soulignez les adverbes.

Les adverbes modifient le sens d'un mot ou de la phrase.

1. Robinson n'avait jamais été coquet et il n'aimait pas particulièrement se regarder dans les glaces. (M. Tournier) **2.** Pour bien faire, il faudrait que tu arrives plus tôt. **3.** Ce qui me terrorisait jadis ne m'effraie plus aujourd'hui. **4.** Paul n'est pas encore là : sais-tu où il se trouve ? **5.** Marius sait très bien qu'il lui est absolument interdit de toucher aux prises de courant. **6.** Un sifflement fort désagréable se fit entendre alentour.

Orthographe

3 À partir des adjectifs qualificatifs, formez des adverbes. Attention à l'orthographe.

furtif :	gentil :	mou : ....
heureux :	vaillant :	patient : ....
bref :	éternel :	frais : ....

4 Complétez les phrases par une conjonction de coordination.

1. Adèle sera punie .... elle est encore arrivée en retard. **2.** Paul n'aime pas les escargots .... il en mange toujours par politesse. **3.** Préfères-tu sortir .... rester à la maison ? **4.** Il en est sorti indemne, sans bleus .... bosses.

5 Complétez les phrases par une conjonction de subordination.

1. Jean est triste .... n'a pas vu sa sœur depuis des mois.

2. Paul mange des escargots .... il n'aime pas cela.

3. Je pense .... tu as fait des progrès.

4. .... Cyril sera prêt, nous partirons.

5. .... tu avais suivi les conseils du professeur, tu aurais réussi ton contrôle.

★★ Développer la réflexion

Orthographe

6 Complétez les phrases suivantes avec la préposition qui convient et écrivez correctement la terminaison des verbes qui suivent.

1. Il a commencé .... se roul........ par terre. **2.** Il est entré .... frapp...... **3.** Il est trop tard .... s'excus.......... **4.** Alix est heureuse .... vous retrouv.......... **5.** .... jou.........., fais tes devoirs.

Orthographe

7 Entourez la bonne orthographe. Justifiez votre réponse en précisant la nature des mots.

1. Tu ne *peu / peux / peut* .... pas ignorer qui *et / est / ai* .... Victor Hugo.
2. Hans *a aidé / à aider* .... Axel *et / est / ai* .... son oncle dans leur périple.
3. Il *a mangé / à manger* .... très *peu / peux / peut* .... de gâteau.
4. Tu *mais / mets / met / mes* .... ta plus belle robe pour aller *a / à* .... l'opéra.
5. Robinson admire Vendredi *mais / mes* .... il redoute ses bêtises.
6. Il *a tourné / à tourner* .... *a / à* .... la dernière intersection puis s'*et engouffré / est engouffré* .... dans la forêt.
7. *Mais / Mes* .... amis savent que je *peux / peu / peut* .... leur rendre service.

Orthographe

8 Complétez les phrases par et, es, est ou ai.

1. Je n'......... pas pris le temps de l'appeler. **2.** Il m'............ difficile de dire si j'......... réussi ce contrôle. **3.** Il se montre ingrat envers moi qui l'......... tant aidé ! **4.** Toi qui .... futé, dis-moi donc où .... Jules. **5.** ....-tu conscient que tu t'..... trompé .... que tu aurais dû réfléchir davantage. **6.** J'......... pris le train de 8 h 08 .... y .... retrouvé mes amies. **7.** Eva .... partie tôt .... elle rentrera tard.

9 a. **Dans les phrases suivantes, entourez en rouge les verbes conjugués.**
b. **Entourez en bleu les conjonctions de coordination et en vert les conjonctions de subordination.**
c. **Mettez les différentes propositions entre crochets.**

« Comme nous arrivions en haut de l'escalier, nous nous étions heurtés à Sir Henry Baskerville. Il avait le visage empourpré de fureur et il tenait à la main un vieux soulier poussiéreux. Il pouvait à peine articuler car il était submergé par sa colère. Quand il retrouva l'usage de la parole, il se mit à hurler]. »

D'après Arthur Conan Doyle, *Le Chien des Baskerville*, 1902

10 a. **Surlignez les mots invariables et précisez leur classe grammaticale.**

« Mais la fillette **connaissait** le **chemin** pour l'avoir fait bien souvent. **Chose étrange**, elle ne se perdit pas. **Son** instinct **la** conduisait vaguement. Elle évitait cependant de regarder alentour, de crainte de voir des choses dans **les** branches et dans les broussailles. **Elle** arriva ainsi à la source. C'était une **étroite** cuve naturellement **creusée** par l'eau. »

D'après Victor Hugo, *Les Misérables*, 1862

....
....
....
....
....

b. Précisez la classe grammaticale des mots variables en gras.

....

....

....

....

....

★★★ Enrichir l'écriture

11 a. Soulignez en bleu les conjonctions de coordination.

b. Recopiez les phrases suivantes en remplaçant la conjonction de coordination par une conjonction de subordination de même sens.

1. Alexandre a une indigestion car il a mangé trop de chocolat.

....

2. Sarah obtient de bonnes notes en mathématiques mais elle déteste cette matière.

....

....

12 a. Complétez le texte suivant en employant des adverbes variés exprimant la nuance indiquée entre parenthèses.

> **Exemple**
> Il se montra (*degré*)... courageux. ➜ Il se montra très courageux.

(*Temps*) .... un (*degré*) .... vieil homme vivait seul au fond des bois. Un jour, alors qu'il travaillait (*manière*) .... dans son jardin, il aperçut (*lieu*) .... une fillette vêtue de haillons. Le vieillard pensa qu'il s'agissait (*affirmation*) .... d'une illusion : jamais personne n'était encore venu (*lieu*) .... Mais lorsqu'il entendit la petite fille s'adresser à lui d'une voix (*degré*) ....assurée, il dut convenir qu'il ne s'agissait pas d'un rêve. Il s'avança (*temps*) .... vers la pauvresse et l'invita (*manière*) .... à venir s'asseoir dans sa chaumière.

b. Imaginez la suite du texte en quelques lignes. Employez deux adverbes de temps, un adverbe de lieu, deux adverbes de manière, deux adverbes exprimant le degré.

13 Observez les phrases suivantes.

a. Soulignez les conjonctions de coordination en bleu et les adverbes en vert puis précisez leur rôle.

1. Ce manège est accessible aux enfants de plus de 8 ans. Or Pierre a 6 ans. Il ne pourra donc en faire un tour.
2. Laurent ignore tout du fonctionnement de cet outil. Toutefois, il en a besoin pour réparer son étagère. Par conséquent, il devra lire la notice pour apprendre à s'en servir.

....

b. Sur le même modèle, rédigez trois phrases en utilisant les mêmes conjonctions de coordination et trois phrases en utilisant les mêmes adverbes. Attention, vos idées doivent s'enchaîner de façon logique.

07 Le présent et le passé composé

Qu'avez-vous retenu ?

1 **Au présent, les terminaisons des verbes en *-er* sont :** ....

2 **Les autres verbes ont les marques régulières de personne :** ....
....

3 **À quelles personnes faut-il doubler le *l* ou le *t* de *jeter* et *appeler* ? Pourquoi ?**

....

4 **Complétez la règle.** Quand on conjugue au présent les verbes en *-yer*, le *y* ....

....

5 **Quels sont les verbes en *-dre* qui perdent le *d* du radical quand on les conjugue au présent ? Donnez deux exemples.**

....

....

6 **Complétez la règle et donnez un exemple.** Quand on conjugue au présent les verbes en *-tir*, ...

7 **Expliquez pourquoi le passé composé s'appelle « passé composé ».**

....

8 **Au passé composé, l'auxiliaire est conjugué au** ....

9 **Donnez deux exemples de verbes conjugués au passé composé.**

....

10 **Retenez la terminaison des participes passés.**
- **a.** Le participe passé des verbes du 1er groupe (*-er*) s'écrit : ....
- **b.** Le participe passé des verbes du 2e groupe s'écrit : ....
- **c.** Le participe passé des verbes du 3e groupe peut s'écrire : ....

11 **Complétez les phrases suivantes.**
- **a.** Le participe passé employé avec l'auxiliaire *être* s'accorde avec ....
- **b.** Le participe passé employé avec l'auxiliaire *avoir* ne s'accorde pas avec ....

12 **Pour bien écrire le participe passé :**

1 Je vérifie s'il y a une consonne muette à la fin en le mettant au féminin.
Ex : J'ai compri........
(une chose compri..........).

→ **2** Je vérifie l'auxilaire.

→ **C'est être :**
J'accorde le participe passé avec le sujet.
Ex : Elles sont arrivé...........

→ **C'est avoir :**
Je n'accorde pas.
Ex : Elles ont déjeuné......

Mon score sur TDLab
.... %

★

Acquérir des automatismes

1 Dans votre cahier, conjuguez au présent, à toutes les personnes :

être avoir faire aller crier écrire

2 Mettez le verbe entre parenthèses au présent.

1. Nous (*appeler*) .... les élèves à se rassembler sous le préau.
2. Ils (*projeter*) .... de partir en Sicile.
3. Pourquoi ne (*lever*) ....-tu jamais la main avant de parler ?
4. Je (*pouvoir*) .... y arriver.
5. Ici, les enfants ne (*s'ennuyer*) .... jamais.
6. Nous (*essayer*) .... de les aider.
7. Ils ne (*croire*) .... plus au père Noël.
8. Mon frère (*louer*) .... cette maison tous les étés.
9. Nous (*faire*) .... tout ce que vous (*dire*) ....

Orthographe

3 Mettez la marque de personne qui convient.

1. Marie écri........ une lettre, la reli........, la pli........ et l'envoi........ par la poste.
2. J'aperçoi........ soudain un chiot qui se noi........
3. Je croi........ qu'ils ne se voi........ plus, et cela me déçoi........
4. Siméon salu........ le roi et le suppli........ d'avoir pitié des villageois.
5. Mathieu cour........ jusqu'à la chambre et secou........ son cousin endormi.

4 Entourez la forme correcte.

1. Ils *donnes / donnent* tout ce qu'ils ont. **2.** Il les *aime / aimes / aiment* beaucoup. **3.** Il n'*entend / entent* plus rien. **4.** Tu l'*attend / attends / attens* avec impatience. **5.** Il *atteind / atteint* toujours sa cible. **6.** Je *mes / met / mets* mes chaussettes. **7.** Il nous *rejoind / rejoint / rejoignons* dans cinq minutes. **8.** Je *dormis / dore / dors* depuis deux heures. **9.** Elle ne me *répond / répont* pas. **10.** Elle *repeind / repeint* la façade. **11.** Je *s'est / s'ai / sais* que tu *mens / ment / ments*. **12.** Tu *étudie / étudis / études* ta leçon.

5 Mettez le verbe au passé composé.

1. Le public (*applaudir*) .... chaleureusement.
2. Nos enfants (*devenir*) .... grands.
3. Nos professeurs (*afficher*) .... les résultats.
4. Elles (*rentrer*) .... à neuf heures.
5. (*Comprendre*) ....-tu .... ce texte ?
6. Elles (*s'endormir*) ....
7. Ils (*ne pas pouvoir*) .... arriver à temps.

★★

Développer la réflexion

Orthographe

6 Dans votre cahier, conjuguez au présent, puis au passé composé.

1. Je (*éteindre*) la lumière. **2.** Elles (*parvenir*) au but. **3.** On ne le (*croire*) pas. **4.** Tu (*jeter*) ces vieux papiers. **5.** Lucie (*s'appuyer*) sur la rambarde. **6.** Tu (*accomplir*) une bonne action. **7.** Elle (*attendre*) son frère. **8.** Ils (*revenir*) de vacances. **9.** Tu (*partir*) seule. **10.** Tu (*résoudre*) ce problème facilement. **11.** Je (*conduire*) prudemment.

Orthographe

7 Soulignez le sujet du verbe et écrivez la fin des verbes comme il convient au présent.

1. Ce salon, que décor.................. des objets étranges, surpren......... toujours les invités. **2.** Comme je vous plain......... ! **3.** Le chien des voisins, que je sor......... souvent quand ils sont absents, aboi........ mais ne mor......... pas. **4.** Je ne le compren................ pas. **5.** Jules, que les mathématiques ennui.................., réussi......... mieux en français. **6.** On attribu......... cette découverte aux Romains. **7.** Les ours polaires, que la fonte des glaces rédui......... à la famine, meur.................. peu à peu. **8.** L'élève, intimidé par ses camarades, crain......... de se tromper.

8 Conjuguez les verbes en vert au présent et les verbes en rouge au passé composé.

« – J'(*connaître*) .... cinq enfants, oui, cinq enfants, qui (*disparaître*) .... de cette terre. On (*ne plus jamais revoir*) .... ces enfants.

– Tu (*essayer*) .... de me faire peur ! m'écriai-je.

– Tout ce que je (*vouloir*) ...., dit-elle, c'(*être*).................. que tu ne disparaisses pas toi aussi.

– Parle-moi des enfants qui (*disparaître*) ...., demandai-je.

– Ranghild était une petite fille de huit ans. Un jour, elle jouait sur la pelouse avec sa petite sœur. La mère (*sortir*) .... pour respirer un peu.

« Où (*être*) .... Ranghild ? » demanda-t-elle.

« Elle (*partir*) .... avec la dame, répondit la petite sœur. Elle (*prendre*) .... Ranghild par la main et elle (*emmener*) .... l'enfant avec elle. » »

D'après Roald Dahl, *Sacrées sorcières*, trad. M.-R. Farré, © Éditions Gallimard Jeunesse, 1984

Orthographe

9 Complétez par : -ez, -é ou -er.

1. Jur...............-vous de ne rien répét............... ? **2.** Les élèves ont continu............. à travaill............ sans s'inquiét............... **3.** Pour confectionn............... un bon gâteau de Savoie, vous dev.............. commenc............... par bien fouett............... les œufs. **4.** Julie et toi, durant votre petite enfance, av............... très souvent partag........ la même chambre. **5.** Emport.............. cette lampe de poche a ét........ une excellente idée. **6.** Les artisans ont dû chang............... ce carreau cass......., ils en ont profit....... pour répar............... la poignée de la fenêtre.

Orthographe

10 Accordez les participes passés comme il convient. À l'oral, expliquez cet accord.

1. Les fillettes se sont rendu.............. chez leur grand-mère. **2.** Nos amis indigné........ ont rapporté...... au vendeur la marchandise abîmé......... **3.** Êtes-vous déjà allé........ en Amérique ? **4.** Intimidé......... par le directeur, Adélaïde n'a pas osé...... répondre. **5.** Des employés de la poste ont rassemblé...... toutes les lettres adressé.............. au père Noël et ont répondu...... aux enfants.

★★★
Enrichir l'écriture

11 Transposez les phrases au passé composé.

1. Comment ces rumeurs naissent-elles ? ....
2. Te dit-il la vérité ? ....
3. La reine ne se lève jamais tôt. ....
4. Le lui prêtez-vous ? ....
5. Le vois-tu aujourd'hui ? ....
6. Lui parlent-ils parfois de moi ? ....
7. T'aperçois-tu qu'il te ment ? ....
8. Ne s'en doute-t-il pas ? ....

12 a. Transposez au passé composé les verbes en gras qui sont au passé simple.

« Le cinquième, **marmonna**-t-elle .... en mâchonnant le bout de son cigare, **fut** .... un cas très intéressant. Un enfant de neuf ans, nommé Leif, passait ses grandes vacances avec toute sa famille, dans un fjord. Après avoir pique-niqué, ses parents **se mirent** .... à nager entre les rochers, et le jeune Lief **plongea** .... Son père, qui l'observait, **remarqua** .... qu'il restait sous l'eau plus longtemps que d'habitude. Quand, enfin, il **revint** .... à la surface, Lief était devenu un marsouin. Lief le marsouin **resta** .... tout l'après-midi avec sa famille, il **promena** .... ses sœurs et ses frères à cheval sur son dos. Ce **fut** .... un merveilleux moment. Puis Lief **fit** .... au revoir en agitant la nageoire, et **s'éloigna** .... »

D'après Roald Dahl, *Sacrées sorcières*, trad. M.-R. Farré, © Éditions Gallimard Jeunesse, 1984

b. Quel est l'effet produit par ce changement de temps ?

....

13 a. Dans votre cahier, recopiez le texte en transposant au présent le passage en couleur.

La bataille faisait rage et les chevaliers du Val se défendaient vaillamment. Eldar à lui seul abattit plus de cent hommes. Soudain, il aperçut, en haut d'une colline, le perfide Mortemar. Il fit alors volte-face et le défia du regard. Aussitôt, Mortemar se jeta sur lui. Eldar sortit son épée. Mortemar lui asséna des coups si terribles qu'il le fit tomber. Mais Eldar se releva et lui envoya un ultime coup qui mit son adversaire en déroute.

b. Quel est l'effet produit par ce changement de temps ?

....

14 À votre tour, racontez un combat entre deux chevaliers. Utilisez le présent de narration pour donner plus de force à votre récit.

08 Les fonctions autour du verbe

Qu'avez-vous retenu ?

1 Écrivez en toutes lettres le sens des abréviations COD et COI.

COD : ....

COI : ....

2 À l'oral, expliquez ce qu'on appelle les circonstances d'un accident, puis notez à quelles questions répondent ces circonstances.

Les circonstances répondent aux questions :

....

3 Sur le dessin ci-dessous, légendez les différents composants de la phrase avec les mots : verbe sujet COD.

Pierre .... lance .... la balle. ....

Il répond à la question :

.... ?

4 Vrai ou faux ?

a. Les verbes ont toujours un COD. ○ Vrai ○ Faux

b. Certains verbes ont deux compléments d'objet. ○ Vrai ○ Faux

c. Les verbes d'état n'ont jamais de COD. ○ Vrai ○ Faux

d. Trouver sujet, verbe, COD, c'est comprendre qui fait quoi. ○ Vrai ○ Faux

e. On trouve le COD d'un verbe en posant la question « verbe + quoi » ? ○ Vrai ○ Faux

f. Le COI d'un verbe est introduit par une proposition. ○ Vrai ○ Faux

g. Un COI peut répondre à la question « Où ? ». ○ Vrai ○ Faux

h. Les compléments circonstanciels répondent aux questions « Où ? », « Quand ? », « Comment ? », « Pourquoi ? »... ○ Vrai ○ Faux

5 Cochez toutes les affirmations justes.

Pour savoir si un verbe a un COD ou un COI…

- ◯ Je regarde s'il y a un mot après le verbe.
- ◯ Je mets le verbe à l'infinitif.
- ◯ J'essaie d'ajouter le mot « quelque chose » « quelqu'un » après le verbe à l'infinitif.
- ◯ Je me demande quelle est cette chose.
- ◯ Je peux poser la question « sujet + verbe + (à, de) qui ? »
- ◯ Je peux poser la question « qu(i) est-ce qui + verbe ? »
- ◯ Je peux poser la question « sujet + verbe + (à, de) quoi ? »

6 Reliez chaque question au complément circonstanciel qui y répond.

Où ? (a)	◯ Complément circonstanciel de cause
Quand ? (b)	◯ Complément circonstanciel de manière
Comment ? (c)	◯ Complément circonstanciel de lieu
Pourquoi ? (d)	◯ Complément circonstanciel de temps

7 Légendez les dessins. Placez les légendes suivantes : verbe transitif | verbe intransitif | sujet | COD | COI.

a. Pierre .... plonge. ....

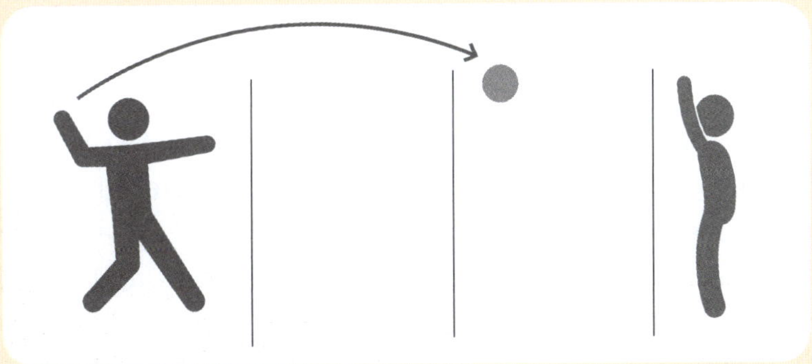

b. Pierre .... lance .... la balle .... à Julie. ....

Mon score sur TDLab

.... %

Période 1

Acquérir des automatismes

1 Classez les verbes dans la bonne colonne.

écrire · grandir · neiger · somnoler · dessiner · frissonner · mourir · s'asseoir · enlever · se promener · ranger · aimer · reconnaître · prêter

Verbes transitifs	Verbes intransitifs
....	....
....	....

2 Indiquez la construction des verbes ci-dessous.

Exemple
Se moquer → se moquer <u>de</u> qqn : verbe + COI

1. Entendre : ....
2. Rêver : ....
3. Appartenir : ....
4. Déplacer : ....
5. Rendre : ....
6. Se souvenir : ....

3 Même consigne à partir des verbes en gras dans les phrases ci-dessous.

1. Noémie **dévore** son petit déjeuner à belles dents. ....
2. Les naufragés **manquaient** d'eau et de nourriture. ....
3. Nous **nous associerons** volontiers à votre projet. ....
4. Le ministre **affirma** au roi qu'il avait tort. ....
5. Ce chien n'**obéit** qu'à son maître. ....
6. Les députés **ont voté** plusieurs lois limitant la liberté d'expression. ....
....

4 Soulignez le COD des verbes en gras.

1. **Révises**-tu régulièrement tes leçons ? 2. Les fillettes **inventaient** pour se distraire toutes sortes de jeux. 3. Quelles personnes **as**-tu **invitées** à ton anniversaire ? 4. L'enfant l'**emporta** chez lui en secret. 5. Je les **ai retrouvés** dans le grenier, cachés dans une malle. 6. Quelle peur nous **avons eue** en apprenant cette nouvelle ! 7. Les ambassadeurs **portaient** en grande pompe, dans des caisses somptueusement décorées, tout ce que leur pays produisait de plus beau. 8. La **reconnais**-tu avec certitude ? 9. Élandir se **livra** à ses ennemis. 10. Paros **réussit** en une nuit ce que nul n'avait réussi avant lui.

5 Complétez les phrases suivantes par un COI.
Entourez la préposition que vous avez employée.

1. J'ai besoin ....
2. Les enfants jouent ....

3. Il ne s'attend pas ....

4. Je me moque ....

5. Te sers-tu ....

6 Dites à quelle question répond le groupe en gras et déduisez-en sa fonction.

1. On a retrouvé l'arme du crime **dans la loge du concierge**.
....

2. **Le lendemain**, un épais brouillard enveloppait l'île.
....

3. **Comme la nourriture commençait à manquer**, les deux hommes entreprirent de fabriquer des arcs, des flèches et des sagaies.
....

4. Il se déplaçait **silencieusement** entre les hautes herbes.
....

5. **À quatre heures**, les enfants sortirent en criant.
....

6. **Ici** se trouve la classe des petits.
....

7 Dites si le groupe en gras est sujet ou COD du verbe.

1. Entrèrent alors **deux prisonnières**. ....
2. Vous trouverez là **une bergerie abandonnée**. ....
3. Près de cette bergerie se dresse, à droite, **un grand arbre mort**. ....
4. Les loups, du sommet de la colline, **nous** contemplaient d'un air menaçant. ....
5. **Nous** aideront-ils à préparer ce voyage ? ....
6. **Nous**, chevaliers de la Marche, jurons de défendre les habitants de ce pays. ....
7. Sur ce pays régnait **un roi faible et âgé**. ....
8. **La** raccompagnerez-vous chez elle sans faute ? ....
9. Du haut de la colline descendait **une étrange brume**. ....

8 Donnez la fonction des groupes en gras.

1. Avant leur rendez-vous, ils visitèrent **la ville**. ....
2. Des cris résonnaient **dans toute la ville**. ....
3. **À leur retour de la ville**, les hommes rapportèrent les nouvelles qu'ils avaient glanées.
....
4. Nous travaillons **à un nouveau projet**. ....
5. Ces hommes travaillent **du lever au coucher du soleil**. ....
6. Ces hommes travaillent **avec beaucoup de soin**. ....
7. Il a refusé **parce qu'il souffre du mal de mer**. ....
8. Tom **lui** répondit sans hésiter. ....
9. Tom lui répondit **sans hésiter**. ....

★★ **Développer la réflexion**

10 Dans les phrases suivantes, soulignez d'un trait les COD des verbes en gras, de deux traits les COI. À l'oral, précisez la nature de ces groupes.

1. Mattéo se dit qu'il ne **s'habituerait** jamais à ces hivers glacials.
2. L'accusé **répétait** en vain qu'il était innocent.
3. La jeune femme la **regarda** avec inquiétude.
4. Zoé **emprunta** un stylo à sa voisine.
5. Le médecin l'**obligea** à se reposer.
6. Les bruits qui montaient de la cave nous **effrayaient** grandement.
7. Ce détail nous **rappela** que cet homme était déjà venu à Northbridge.

11 Dans votre cahier, donnez la fonction des groupes soulignés.

> « Du silence total émergea un tapotement pesant et régulier. C'était le pas d'un animal. Il tourna lentement autour de notre campement, s'arrêta près de l'entrée. Nous entendîmes un sifflement sourd qui montait et redescendait : le souffle de la bête. Seule notre faible clôture nous séparait de ce visiteur nocturne. Nous avions tous empoigné un fusil, et Lord John avait légèrement écarté un buisson pour se tailler un créneau dans la clôture.
>
> – Mon Dieu ! murmura-t-il. Je crois que je le vois ! »
>
> Arthur Conan Doyle, *Le Monde perdu*, 1912

Orthographe

12 Recopiez les phrases suivantes en remplaçant le COD ou le COI par un pronom. Attention à l'orthographe des différents mots.

1. J'apprécie beaucoup ces petites attentions. ....
2. Je t'ai apporté ton sac. ....
3. Anaëlle remercia chaleureusement son amie. ....
4. Un plongeur a retrouvé par hasard le sceptre du roi Salomon. ....
....
5. Il ne se souvient sans doute pas de cet accident. ....
6. Ne pense plus à cette histoire. ....

Orthographe

13 Choisissez l'orthographe qui convient.

1. Marc est ici : je *l'ai / les* aperçu dans la foule. **2.** *Ma / M'a / M'as*-tu rendu mon livre ? **3.** J'ai déjà vu cette femme, je *la / l'a* croise souvent à la bibliothèque. **4.** Léon aussi *la / l'a* connaît : il *la / l'a* rencontrée au bal des pompiers. **5.** Mon père *ma / m'a* donné la bague de *ma / m'a* mère. **6.** Il ne *sans / s'en* est même pas aperçu. **7.** Tes parents *ton / t'ont* régulièrement écrit pendant *ton / t'ont* séjour. **8.** Cet athlète *si / s'y* célèbre participera aux jeux, il *si / s'y* prépare depuis des mois.

Le pronom *leur* ne prend jamais de *s*.

14 a. À l'oral, donnez la fonction des groupes en gras.
b. Recopiez les phrases en remplaçant ces groupes par le pronom qui convient.

1. Antoine ne s'intéresse pas **aux jeux vidéo**. ....
2. Quoi qu'il arrive, n'entre jamais **dans cette pièce**. ....

3. Jim remit **à ses amis** un message du pirate. ....

4. Nous avons dû partir précipitamment **de notre pays**. ....

....

5. Folcoche servait **aux enfants** **de la soupe** à chaque repas. ....

....

6. Se remettra-t-il un jour **de cette blessure** ? ....

7. Il y a encore cinq minutes, la clé se trouvait **sur mon bureau**. ....

....

★★★

Enrichir l'écriture

15 Recopiez les phrases suivantes en ajoutant les compléments circonstanciels indiqués entre parenthèses, à la place qui convient.

1. Nous nous mîmes en route. (*au lever du soleil, un beau matin*)

....

2. Je regardais les chats se promener. (*sur les toits, de ma fenêtre*)

....

3. Le malade percevait les échos de la fête. (*de son lit, au loin*)

....

4. Les deux amis se sont disputés, mais ils se sont réconciliés. (*souvent, toujours, au cours de toutes ces années*)

....

....

5. Le jeune homme se remit en chemin. (*après avoir terminé son repas, courageusement*)

....

....

16 Rendez l'action plus intéressante en ajoutant au verbe un complément circonstanciel de manière. Variez les constructions employées (adverbes, participes présents...).

1. Roland frappa Maubert. ....

2. Romuald ouvrit la cage de l'oiseau. ....

3. Les naufragés se construisirent un abri. ....

....

4. Bastien marchait. ....

5. Les enfants ouvrirent leurs cadeaux. ....

....

17 Rendez le récit plus vivant en insérant des compléments circonstanciels aux endroits indiqués par un astérisque.

Audelin s'enfonça * dans la forêt. Il marchait **. *, il arriva à l'orée d'une clairière et aperçut deux hommes *. Vêtus de grands capuchons bruns, ils prononçaient d'étranges formules *. Audelin se cacha * et les observa *. L'un des hommes sortit un paquet * et l'enterra *.

09 L'imparfait et le plus-que-parfait

Qu'avez-vous retenu ?

1 Complétez les phrases suivantes.

a. L'imparfait est un temps ...., alors que le plus-que-parfait est un temps ....

b. Quand un verbe est conjugué au plus-que-parfait, il contient deux parties : ...., conjugué à ...., et le ....

c. La plupart des verbes conjugués à un temps composé se conjuguent à l'aide de l'auxiliaire ....

2 L'imparfait porte les marques régulières de personne. Rappelez ces marques de personne : ....

3 Écrivez les terminaisons complètes de l'imparfait.

Je pouv................................ Elle / Il pouv........................ Vous pouv...........................

Tu pouv................................ Nous pouv........................ Elles / Ils pouv......................

4 Donnez deux exemples de verbes conjugués au plus-que-parfait, l'un conjugué avec l'auxiliaire *avoir*, l'autre avec l'auxiliaire *être*.

....

5 Transposez les verbes suivants à l'imparfait et expliquez la règle à respecter.

a. Je nage : ....
....

b. Je rince : ....
....

c. Nous brillons : ....
....

d. Vous essayez : ....
....

e. Nous déménageons : ....
....

Mon score sur TDLab

.... %

★ Acquérir des automatismes

1 Surlignez seulement les verbes conjugués à l'imparfait.

Nous nions – je viendrais – tu savais – ils seraient – vous éteignez – nous grillions – j'éternuai – ils grandissaient – ils applaudiraient – tu devenais – nous cognions – nous voyons – on essayait – je devinais – vous appuyiez – nous criions – je préparai.

Orthographe

2 Surlignez l'orthographe correcte à l'imparfait.

Nous nous *forcions / forçions* – je *fesais / faisais* – vous *compreniez / comprenniez* – ils *brillaient / brilliaient* – nous *chatouillons / chatouillions* – nous *mangeions / mangions* – *j'appelais / appellais* – nous *voyons / voyions / voiions* – nous *recopions / recopiions* – vous *bataillez / batailliez* – tu *apprenais / apprennais*.

Orthographe

3 Transposez à l'imparfait.

tu construis : ……
il maigrit : ……
je jette : ……
ils font : ……
vous signez : ……
tu crains : ……
elle berce : ……
ils prennent : ……
j'essaie : ……
on déplace : ……
nous nageons : ……
il prend : ……
vous défaites : ……
elle devient : ……
tu te rappelles : ……

Observez bien l'auxiliaire.

4 Surlignez les verbes conjugués au plus-que-parfait.

J'ai réussi – il était parti – nous avions commencé – il aura entendu – elle était allée – nous avons décoré – tu avais écrit – ils seraient arrivés – vous aviez aperçu – j'aurais compris – il eut achevé – il avait été.

5 Conjuguez à l'imparfait, puis au plus-que-parfait, à la personne indiquée.

	Imparfait	Plus-que-parfait
être, nous		
faire, il		
s'endormir, elles		
créer, on		
voir, vous		
naître, je		
effacer, tu		
gagner, nous		
venir, ils		
se laver, vous		

★★ **Développer la réflexion**

6 Dans votre cahier, recopiez les verbes suivants. Indiquez l'infinitif, le temps et la personne.

Aimais – aimai – voudrai – triez – tiriez – avaient pris – fut – fut arrivé – craignons – avez oublié – serons descendus – avait connu – allèrent – allaient – continuai – dînerai – aura mis – ont dit – étaient morts – eut – avions apporté – chanta – riiez – rayai – se fut levée.

Période 2

7 Transposez à la personne du singulier ou du pluriel qui correspond.

nous dérangions : ....

je peignais : ....

vous dénonciez : ....

j'accueillais : ....

tu essuyais : ....

nous bougions : ....

je m'écriais : ....

tu t'appuyais : ....

nous commencions : ....

Orthographe

8 Dans les phrases suivantes, soulignez le sujet des verbes entre parenthèses et écrivez ceux-ci comme il convient, à l'imparfait.

1. La salle des fêtes, qu'(*éclairer*) .... de multiples bougies, (*briller*) .... de mille feux.
2. J'(*apprendre*) .... consciencieusement mes leçons et les (*savoir*) .... par cœur.
3. Les parents, inquiets de ces événements, vous (*interdire*) .... de sortir l'après-midi.
4. Marcel et moi, que n'(*intéresser*) .... nullement ces histoires, (*s'ennuyer*) .... beaucoup au cours de ces soirées.
5. Les chants des femmes, qui (*monter*) .... doucement dans la nuit, (*bercer*) .... les enfants du campement.
6. Au point du jour (*se lever*) .... d'immenses nappes de brume qui peu à peu (*recouvrir*) .... tout le lac.

9 Retrouvez le texte original en mettant à l'imparfait les verbes au présent et au plus-que-parfait les verbes au passé composé.

« Au fond du jardin, il y a un énorme marronnier. Timmy (mon meilleur ami) et moi, nous avons commencé à construire une magnifique cabane dans les branches. Nous ne travaillons que les week-ends, mais tout avance à merveille. D'abord, nous avons fabriqué le plancher, en clouant de larges planches sur deux branches. Puis nous avons construit une balustrade en bois, et il ne nous reste plus qu'à faire le toit. C'est le plus difficile. »

Roald Dahl, *Sacrées sorcières*, trad. M.-R. Farré,
© Éditions Gallimard Jeunesse, 1984

★★★

Enrichir l'écriture

10 a. Conjuguez les verbes entre parenthèses d'abord au passé composé, puis à l'imparfait.

1. Le matin, Huck (*prendre*) .... un solide petit déjeuner.
2. Au mois d'août, nous (*se rendre*) .... au bord de la mer.
3. Le soir venu, je (*s'installer*) .... auprès du feu.

b. Quelle est la différence de sens entre les deux phrases obtenues ?

....

....

11 Améliorez ces phrases en remplaçant « en train de » suivi du verbe à l'infinitif par le verbe conjugué à l'imparfait.

Exemple
Il était en train d'écrire. → Il écrivait.

1. Quand le directeur entra dans la grande salle, nous étions en train d'étudier notre latin.

....

....

2. Lorsque l'alarme se déclencha, les élèves étaient en train de rejoindre leur classe.

....

3. J'étais en train de faire de mes devoirs. ....
4. Lorsque j'arrivai chez moi, je découvris des pompiers qui étaient en train d'enfoncer ma porte.

....

....

12 Transformez les phrases, en utilisant le plus-que-parfait. Variez le début de phrase : *dès que, après que, quand, lorsque*…

Exemple
Nous finissions nos devoirs, puis nous allions jouer dehors.
→ Lorsque nous avions fini nos devoirs, nous allions jouer dehors.

1. Nous faisions la sieste, puis nous travaillions au jardin.

....

2. Jeanne rentrait de l'école, et elle prenait son goûter.

....

3. Les élèves s'installaient et sortaient leurs affaires, puis le cours commençait.

....

....

4. Les hommes revenaient de la pêche et l'aïeule mettait le dîner en route.

....

....

Période 2

10 Les homophones verbaux en [é]

Qu'avez-vous retenu ?

1 Chanter/chanté/chantait. Rougir/rougi/rougissait. Voir/vu/voyait.

a. D'après ces trois exemples de verbes, dites pourquoi les verbes du 1er groupe vous posent des problèmes d'orthographe ?

....

b. Lisez l'exemple suivant. Quelle astuce pouvez-vous employer pour écrire correctement la terminaison du verbe en gras ?

Exemple : Enfants, nous passions notre temps à **chanter**.

....

....

2 Dans une phrase, le verbe est à l'infinitif, lorsqu'il est précédé d'une .... **ou lorsqu'il suit** ....

3 Rappelez la liste des prépositions : ....

....

4 À quels temps et à quelle personne correspondent les terminaisons suivantes ?

a. -ez : ....

b. -ais : ....

c. -ai : ....

d. -ait : ....

e. -aient : ....

5 Le participe passé des verbes du 1er groupe se termine par ....

6 Derrière les auxiliaires *être* et *avoir*, la forme verbale est toujours ....

7 Vrai ou faux ?

a. Aux temps composés, le participe passé est précédé d'un auxiliaire. ○ Vrai ○ Faux

b. Le participe passé ne porte jamais de marque de personne. ○ Vrai ○ Faux

c. Employé avec l'auxiliaire *avoir*, le participe passé s'accorde en genre et en nombre avec le sujet. ○ Vrai ○ Faux

d. Employé avec l'auxiliaire *être*, le participe passé s'accorde en genre et en nombre avec le sujet. ○ Vrai ○ Faux

e. Le participe employé sans auxiliaire fonctionne comme un adjectif. ○ Vrai ○ Faux

f. Le participe passé employé sans auxiliaire est un verbe conjugué. ○ Vrai ○ Faux

Mon score sur TDLab

.... %

Acquérir des automatismes

1 Choisissez -é , -és ou -er . Pour les verbes à l'infinitif, pour vous aider, pensez à un infinitif du 2e ou 3e groupe.

1. Pour prépar............... son repas, Claire utilise des aliments congel............... 2. Je désire tellement visit............... ce château cathare élev............. en haut d'un piton rocheux. 3. Le joueur bless............ a du mal à se relev.............. 4. À peine eus-je le temps de mont.............. les marches du perron que je fus entour............ par une bande d'enfants. 5. Le cheval, épuis............ par la route, ne pouvait avanc.............. d'un seul pas. 6. Ce que je peux affirm.............., c'est que je pouvais enfin me confi.............. 7. Cri.............. n'est pas autoris............

2 Conjuguez les verbes des phrases suivantes d'abord à l'imparfait, puis au passé composé.

1. Mon grand-père (*manger*) de bonne heure. ....
....
2. Après le goûter, je (*commencer*) mes devoirs. ....
....
3. Les élèves (*étudier*) le Moyen Âge. ....
....
4. Elle (*ne jamais déblayer*) la neige. ....
....
5. Ma sœur (*se lever*) tôt. ....
6. Je ne lui (*prêter*) pas mes affaires. ....
....

3 Complétez par -é , -és , -ées ou -ais , -aient .

Après l'auxiliaire, la forme verbale est toujours un participe passé.

1. J'ai ét....... ravie de vous rencontrer. 2. J'ét........... éblouie par le soleil. 3. Ét...........-tu présente lors de la représentation ? 4. As-tu ét....... mis au courant de son absence ? 5. Nous avions élabor....... des plans d'attaque. 6. Depuis combien de temps te consacr...........-tu à l'étude de ce morceau ? 7. Les cerfs-volants étaient lanc.......... et plan................ dans le ciel bleu. 8. Les filles, n'aviez-vous pas ét....... contact........... par cette agence ? 9. Les acteurs avaient termin........ la première scène et se repos................

4 Entourez la bonne réponse. Écrivez PP pour les participes passés employés comme adjectifs, et remplacez les verbes à l'infinitif par un verbe d'un autre groupe.

1. Les trottoirs restèrent *inondés / inonder / inondée* pendant plusieurs jours. ....
2. Le plombier évite d'*inondé / inondée / inonder* la cave. ....
3. Après sa journée de travail, la secrétaire semble *épuiser / épuisé / épuisée*. ....
4. Jordan semble *fatigué / fatiguer* ses camarades par ses bavardages incessants. ....
5. Le menuisier termina de *poncer / poncé / poncée* sa commode. ....
6. La commode avait l'air *poncé / poncée / poncer* avec soin. ....
7. Les enfant ont dû se *lavés / laver / lavé* les mains. ....
8. La cuisine semble bien *laver / lavée / lavé*. ....

Période 2

★★

Développer la réflexion

5 Récrivez ces phrases au passé composé.

1. Nous l'appelons et dès qu'il se retourne, nous lui jetons la balle.

....

2. Elle arrive auprès d'eux et s'assied calmement.

....

3. Jeanne s'empare de la chaise, se place accoudée sur le dossier et contemple le paysage.

....

....

4. Ses manières m'étonnent et ne me semblent pas adaptées à la situation.

....

5. Je vous apporte mon mètre. Vous me le restituez rapidement.

....

6. Juliette paye sa note d'hôtel et s'en va vers la gare.

....

6 Mettez le nom en gras au pluriel. Faites les changements nécessaires.

1. **La marchandise** vérifiée, triée est rangée dans la remise.

....

2. **Le carreau** cassé sera remplacé.

....

3. Préoccupé par cette affaire, **le juge** revint au tribunal bien décidé à trouver une solution.

....

....

4. Désherbée, ratissée, **l'allée** semblait nettoyée avec soin.

....

5. Tenaillé par la faim, **le loup** est entré dans le village et a ravagé le poulailler des Durant.

....

....

6. Repassée et pliée, **la chemise** sera suspendue dans l'armoire.

....

7. Une fois **le pain** levé, nous le mettrons à cuire.

....

8. Détérioré par le temps, **le donjon** semblait avoir cédé à la végétation.

....

7 Soulignez le sujet des verbes et choisissez la bonne terminaison : -ez ou -ait , -aient .

1. Tes camarades et toi av.......... apprécié le voyage à Londres. **2.** Vos camarades av................ changé d'avis et vous nous av.......... appelés pour nous prévenir. **3.** Lucie, Simon et toi part.......... à la plage vers cinq heures. **4.** Vos moniteurs vous av................ fait confiance et vous les avi.......... déçus. **5.** Le vent vous fouett............ le visage et vous mord...... les doigts. **6.** Vos dessins, les av..........-vous déjà exposés dans une galerie ? **7.** Marc et Pierre vous av................ montré la cathédrale. **8.** Le prince vous av............ fait tous les honneurs et vous avi.......... promis votre loyauté.

8 Choisissez entre l'infinitif et le participe passé. Accordez le participe passé si nécessaire.

Quand deux verbes se suivent, le deuxième est souvent à l'infinitif.

1. Sitôt le déjeuner termin......., Meaulnes a dû saut......... le petit mur et fil......... à travers champs. (Alain-Fournier) 2. Comment oubli.......... ce premier bol de bouillon parfum....... de thym et donn..........par une femme généreuse, touch.......... par notre situation ? 3. Le vent glac....... de la nuit vint lui souffl......... sur le visage. 4. Du fond de ma chambre, j'entends les voitures roul......... sur les pavés, les vendeurs à la criée vant......... leur marchandise, les enfants de l'école chant......... une comptine. 5. Soyez remerci.......... pour tous ces travaux réalis.......... en si peu de temps.

Enrichir l'écriture

9 Transformez les phrases de la manière suivante. Dans chaque phrase, soulignez le sujet.

Exemple
Le bavardage en classe empêche de se concentrer.
→ Bavarder en classe empêche de se concentrer.

1. La pêche à la ligne demande de la patience.
....
2. L'explication de cette règle est indispensable pour poursuivre le cours.
....
3. La confection d'une robe de mariée est un travail délicat.
....
4. La possession de nouvelles terres le réjouissait au plus haut point.
....
5. La pollution des océans met en danger bien des espèces.
....

10 Transformez le verbe à l'infinitif par un verbe à l'infinitif passé.

Exemple
Nous espérons terminer avant la nuit. → Nous espérons avoir terminé avant la nuit.

1. Léa voudrait rentrer chez elle pour le déjeuner.
....
2. Cosette doit puiser de l'eau avant le retour des voyageurs.
....
3. Je me vois me retourner vivement à son appel.
....
4. Nous regrettons de nous comporter ainsi.
....
5. Je me souviens de le lui donner pour répondre à sa demande.
....
6. Judith se souvient de tourner la clé dans la serrure et entrer à pas feutrés.
....
....

11 Les pronoms

Qu'avez-vous retenu ?

1 Complétez les phrases.

a. Un pronom est un .... variable qui .... quelqu'un ou quelque chose sans le ....

b. Le pronom remplace en général un ....

c. Un pronom est généralement placé devant un ....

d. Un pronom n'est jamais placé devant un ....

2 Citez les trois grandes catégories de pronoms que vous devez connaître, avec des exemples.

....

....

....

3 Associez chaque ensemble de pronoms à sa nature exacte.

Le mien, la sienne, les nôtres… (a)	○ Pronoms personnels
Je, tu, on, me, te, moi, lui, leur, eux… (b)	○ Pronoms possessifs
Celui(-ci), ceux(-là), celles… (c)	○ Pronoms démonstratifs

4 Complétez les phrases et donnez un exemple pour chaque cas.

a. Le pronom *y* remplace un groupe nominal introduit par la préposition ....

Exemple : ....

b. Le pronom *en* remplace un groupe nominal introduit par la préposition ....

Exemple : ....

5 Les pronoms personnels varient en genre, en nombre, mais aussi selon leur fonction.

a. Les pronoms .... occupent toujours la fonction sujet du verbe.

b. Les pronoms *le, la* ou *les* occupent toujours la fonction ....

c. Les pronoms *lui* ou *leur* occupent toujours la fonction ....

6 Ne confondez pas les articles *le*, *la*, *les* et les pronoms personnels *le*, *la*, *les*. Indiquez quel moyen vous permet de les distinguer.

....

....

7 Attention à l'orthographe : le pronom *leur* est .... alors que le déterminant *leur* ....

Mon score sur TDLab

.... %

Acquérir des automatismes

1 Parmi les mots en gras soulignez les pronoms personnels et surlignez les déterminants.

« En arrivant à l'étang, **les** petites renoncèrent à l'espoir de reprendre **leur** balle. **Le** jars n'était décidément pas aussi sot que **l'**âne **le** donnait à entendre, car **il** avait eu **la** précaution de **la** prendre avec **lui** au milieu de l'étang. **Elle** flottait au milieu des oisons qui s'**en** amusaient beaucoup mieux qu'ils ne **l'**avaient fait tout à l'heure. Ils jouaient à qui **l'**attraperait le premier, **la** cachaient sous **leurs** ailes, et dans un autre moment, **les** petites eussent pris plaisir à regarder **leurs** ébats. »

Marcel Aymé, *Les Contes du chat perché*, © Éditions Gallimard Jeunesse, 1968

2 Dans le texte, relevez tous les pronoms personnels et précisez qui ils désignent.

Les deux enfants réalisèrent alors qu'ils étaient bel et bien perdus. Ils tenaient entre leurs mains leur dernier bout de chandelle et le regardaient fondre, inexorablement. Soudain, la flamme s'éteignit et l'obscurité les enveloppa. Au même moment, le passage d'une chauve-souris leur causa une vive frayeur. Becky fondit en sanglots. Tom tenta de la rassurer en lui parlant doucement, affirmant qu'on avait déjà dû partir à leur recherche.

3 Recopiez les phrases en utilisant un pronom pour supprimer la répétition du mot en gras. Précisez la nature du pronom que vous avez utilisé.

1. La fillette mit sa main dans **ma main**.

....

2. Nous n'aimons pas beaucoup ces pâtisseries-là, nous préférons **ces pâtisseries**-ci.

....

....

3. M. Mabillon apprendra aux garçons le grec et le latin et Mme Delarue enseignera **aux garçons** les mathématiques.

....

....

4. Puisque vous n'avez pas de vélos, nous vous prêterons **nos vélos**.

....

....

5. Les enfants avaient ramassé des kilos de champignons, mais **ces champignons** étaient vénéneux.

....

....

6. Je t'ai envoyé un courrier, mais tu n'as pas reçu **mon courrier**.

....

Orthographe

4 Complétez par *leur* ou *leurs*.

1. Le roi et la reine appelèrent .... serviteurs et .... ordonnèrent de fouiller tout le palais. **2.** .... professeur .... a communiqué .... résultats. **3.** Julie et Paul ont invité tous .... amis pour .... anniversaire : ils .... ont envoyé un magnifique carton fabriqué de .... mains. **4.** .... ont-ils rendu .... affaires ?

Période 2

5 Soulignez les pronoms et entourez le nom qu'ils reprennent. À l'oral, donnez leur nature exacte.

« Finalement, l'aveugle se mit à frapper au hasard autour de lui, et son bâton tomba lourdement sur plusieurs de ses compagnons. Ceux-ci injurièrent à leur tour le misérable aveugle, le menacèrent en termes horribles, essayèrent vainement de saisir le bâton et de l'arracher à son étreinte. Cette bagarre nous sauva. Un autre bruit vint du haut de la colline : celui des sabots de plusieurs chevaux lancés au galop. »

D'après Robert Louis Stevenson, *L'Île au trésor*, 1883

★★

Développer la réflexion

Orthographe

6 Entourez l'orthographe correcte.

1. Elle ne comprend pas *ce / ceux* que tu dis. **2.** Je ne supporte pas *ce / ceux* qui se plaignent sans cesse. **3.** Retenez *ceci / ceux-ci* : le pronom *leur* est invariable. **4.** Vous n'êtes pas obligés de faire tous les exercices, mais faites au moins *ceci / ceux-ci*. **5.** *Ce / Ceux* qui ont terminé leur travail peuvent aider *ce / ceux* qui ont plus de mal. **6.** Tes gâteaux sont bons mais je préfère *ce / ceux* de ma mère : *ce / ceux* sont les meilleurs au monde.

Orthographe

7 a. À l'oral, donnez la fonction des groupes soulignés.
b. Recopiez les phrases en remplaçant ces groupes par des pronoms.

1. Le garagiste répare consciencieusement la voiture.
....
2. Quand il a réparé le véhicule, il le remet au client.
....
3. Les surprises que préparait le grand-père à ses petits-enfants étaient toujours pleines de poésie. ....
4. Les fillettes ne s'attendaient pas à de telles surprises.
....
5. Nous emmènerons les enfants à l'école. ....
6. N'ont-ils pas promis à leurs cousins de les accompagner en montagne ?
....
7. Ils ne se doutent pas de nos intentions. ....
8. Avez-vous laissé votre sac au vestiaire ? ....

8 Dans votre cahier, donnez la nature exacte et la fonction des pronoms en gras.

1. Pouvons-**nous vous** emprunter **les vôtres** ?
2. La vieille dame **m'**embrassa et **m'**offrit des bonbons, mais **cela** ne suffit pas à **m'**amadouer.
3. Nous voulions jouer dans sa chambre, mais comme **celle-ci** était en désordre, nous sommes allés dans **la mienne** : nous **y** avons certainement oublié les clés.
4. Nous **leur** avions promis de **leur** ramener des souvenirs d'Athènes, mais nous n'**y** pensions plus, et nous avons acheté **ceux-ci** en catastrophe à l'aéroport.
5. **Les** avez-**vous** vraiment obligés à **nous** inviter ?
6. **Les nôtres** sont moins belles, nous préférons **celles-ci**.

9 **Dans votre cahier, donnez la nature des mots en gras.**

« Peut-être **avais**-je **entendu** un **craquement** ou aperçu du coin de l'œil **son** ombre **se mouvoir** ; peut-être fut-**ce** un instinct analogue à **celui** des chats ; en tout cas, **lorsque** je me retournai, je **vis** Hands, **le** poignard **à** la main, **déjà** presque sur **moi**. **Quand nos** yeux se rencontrèrent, **nous** poussâmes tous deux un **grand** cri ; **mais** tandis que **le mien** était le **cri aigu** de la **terreur**, **le sien** fut **le** beuglement de furie d'un taureau qui **charge**. À la même seconde il s'élança, et je fis un **bond** de côté **vers** l'avant. Dans **ce** geste, **je** lâchai la barre, qui se rabattit **violemment sur** bâbord ; et ce fut sans doute ce qui me sauva la vie, **car** elle frappa Hands **en** pleine poitrine **et l'**arrêta, **pour** un moment, tout **étourdi**. »

Robert Louis Stevenson, *L'Île au trésor*, 1883

★★★

Enrichir l'écriture

10 **Mettez les mots en gras au pluriel et faites les changements nécessaires.**

1. **Il** ne se souvient plus où il a mis ses clés : peux-**tu** lui prêter les tiennes ?

....

....

2. **Je** m'installerai sur ces emplacements : **celui-ci** ne me plaît guère.

....

3. **Notre athlète** est plus réputé que **le leur**, mais il ne lui a encore jamais arraché la victoire.

....

....

11 **Remplacez le pronom personnel en gras, qui est ambigu, par un pronom démonstratif, afin de rendre la phrase plus claire.**

1. Les deux matelots exposèrent leur plan aux pirates, alors **ils** poussèrent des cris enthousiastes.

....

....

2. La servante apporta le billet à ma mère. **Elle** s'éloigna pour le lire.

....

3. Jim confiait tous ses secrets à Silver : il ne savait pas qu'**il** était le chef des pirates.

....

....

4. Les six amis se réunirent pour réfléchir aux projets des pirates : en effet, **ils** attaqueraient sûrement à la première occasion.

....

....

12 **Dans votre cahier, recopiez le texte suivant en supprimant les répétitions <u>quand c'est possible</u>, à l'aide du pronom qui convient.**

Jim se lança dans l'exploration de l'île. **L'île** était vaste et vallonnée, couverte de plantes exotiques. **Jim** parvint à l'orée d'une clairière. **Jim** aperçut alors un être étrange. **L'être** ressemblait à un grand singe et s'approchait de **Jim** en poussant des cris. **Jim** maîtrisa sa peur et observa **la créature** attentivement.

Période 2

12 L'accord du participe passé

Qu'avez-vous retenu ?

1 Complétez les règles suivantes et illustrez-les d'un exemple.

a. Le participe passé employé avec l'auxiliaire *avoir* ne s'accorde pas avec .... mais s'accorde avec .... quand ....

....

b. Le participe passé employé avec l'auxiliaire *être* s'accorde ....

....

c. Le participe passé employé sans auxiliaire ....

....

....

2 Vrai ou faux ?

a. On utilise le participe passé quand on conjugue un verbe à un temps composé.	Vrai	Faux
b. Le participe passé peut jouer le rôle d'adjectif.	Vrai	Faux
c. Le participe passé est toujours précédé d'un auxiliaire.	Vrai	Faux
d. On utilise le participe passé quand on conjugue un verbe à un temps simple.	Vrai	Faux
e. Lorsque le participe passé est employé avec l'auxiliaire *avoir*, je cherche le COD du verbe.	Vrai	Faux
f. Lorsque le participe passé est employé avec l'auxiliaire *avoir*, il peut s'accorder avec le sujet.	Vrai	Faux

3 Complétez.

a. Le participe passé des verbes du 1er groupe se termine par ....

b. Le participe passé des verbes du 2e groupe se termine par ....

c. Le participe passé des verbes du 3e groupe se termine par ...., ..., ... ou ....

d. Pour trouver la lettre muette du participe passé d'un verbe du 3e groupe, je le mets .... Donnez un exemple : ....

e. Citez les quatre temps composés de l'indicatif : ....

....

Mon score sur TDLab

.... %

★ Acquérir des automatismes

1 Donnez les participes passés des verbes suivants, soulignez la lettre muette.

envoyer :	craindre :	naître : ....
transmettre :	peindre :	vaincre : ....
apprendre :	écrire :	pouvoir : ....
vendre :	mourir :	descendre : ....

2 **Conjuguez les verbes entre parenthèses au passé composé et soulignez l'auxiliaire.**

1. Elle (*accompagner*) .... son frère à l'école et (*arriver*) .... en retard à son rendez-vous.
2. Nous (*recevoir*) .... la balle et nous (*se placer*) .... sur le terrain.
3. La porte (*s'ouvrir*) .... et les élèves (*se lever*) ....
4. Les pousses de radis (*sortir*) .... dès les premiers soleils.
5. Les restaurateurs (*sortir*) .... les parasols.
6. Une voiture (*s'arrêter*) .... dans l'allée et une femme en (*descendre*) ....

3 **Soulignez les participes passés employés comme adjectifs et surlignez les noms avec lesquels ils s'accordent.**

1. Derrière la maison se trouvait un petit jardin protégé par des haies bien taillées.
2. La vieille dame y avait planté ses fleurs préférées.
3. Un enfant à la mine réjouie passe la tête par la fenêtre ouverte.
4. Trompés par l'obscurité, les voyageurs ont emprunté le mauvais chemin.
5. Cette page, mal écrite, est illisible.
6. Surprise par le tonnerre, la chatte fila se cacher.
7. La mariée, émue, sourit à l'assemblée.

4 **Accordez les participes passés employés comme adjectifs.**

1. (*Construit*) .... en pierre, ces bâtisses défient les années.
2. Les barques et les voiliers se balancent doucement, (*arrimé*) .... au quai.
3. Les buis de l'allée, (*atteint*) .... par un virus, perdent tout leur feuillage.
4. (*Attisé*) .... par le vent, les flammes prenaient de la vigueur.
5. Cette étoile des ballets russes, (*exténué*) .... par sa prestation, salue le public.
6. La façade des entrepôts, mal (*entretenu*) .... et (*sali*) .... par les fumées, projetait son ombre sur la rue.

5 **Soulignez les sujets et écrivez convenablement les participes passés des verbes.**

1. Les spectateurs, enchantés par le concert, s'étaient tous (*lever*) .... pour applaudir.
2. Cette idée lui sera (*venir*) .... pendant la nuit.
3. La jument se serait gravement (*blesser*) .... en sautant l'obstacle.
4. Lorsque le ciel se fut .... (*assombrir*), nous cherchâmes un abri.
5. Paul et Léa se sont aussitôt (*rendre*) .... chez lui.
6. Ta sœur s'est-elle convenablement (*conduire*) .... lors de cet entretien ?

6 **Soulignez le COD des verbes en gras, puis écrivez convenablement les participes passés.**

1. Les chants que nous **avons** (***interpréter***) .... étaient difficiles.
2. La moto, l'**as**-tu (***ranger***) .... sous le hangar ?
3. Ils **ont** (***acheter***) .... des fromages que nous **avons** (***goûter***) .... le soir même.
4. L'arbre était couvert de pommes mûres et nous les **avons** (***cueillir***) ....

Période 2

5. Cette marche nous **a** beaucoup (***fatiguer***) ....

6. Comme Jacques **a** (***échouer***) .... à cette épreuve, il l'**a** (***recommencer***) ....

★★ **Développer la réflexion**

Le verbe conjugué peut être transposé à un autre temps. Le participe passé employé comme adjectif peut être précédé de « qui est ».

7 Mettez la bonne terminaison. Entourez les verbes conjugués, soulignez les participes passés.

1. Le journaliste entrepri........ un long voyage. 2. Le projet entrepri.................. par Jérôme me paraît irréalisable. 3. Le poète connu........ des heures sombres. 4. Victor Hugo est un poète conn........ dans le monde entier. 5. L'erreur commi.................... était inévitable. 6. L'employé de banque commi........ une faute. 7. Une fois votre leçon su.................., vous pourrez jouer. 8. Je le regardai mais il ne su........ quoi me dire.

8 Précisez le temps de l'auxiliaire *être* souligné et accordez les participes passés des verbes.

1. La tour avait été (*détruire*) .... en trois jours. ....
2. Les digues ont été (*submerger*) .... par les vagues. ....
3. Vos affaires auront été (*expédier*) .... avant votre départ. ....
4. Vous aurez été (*réveiller*) .... par un terrible fracas. ....

9 Évitez la répétition en employant un pronom personnel et accordez vos participes passés.

Exemple
La fillette a pris sa poupée. Elle a habillé sa poupée. → La fillette l'a prise et l'a habillée.

1. L'eau a envahi la ville et a dévasté la ville. ....
....
2. Tu as passé du temps sur cette œuvre, puis tu as présenté cette œuvre au jury.
....
3. Cette robe est ravissante. Pourquoi n'as-tu pas porté cette robe lors de la cérémonie ?
....
....
4. Cette année, je n'ai pas attrapé la grippe, mais ma grand-mère a eu la grippe.
....

10 Transposez les verbes de ces phrases aux temps demandés.

1. Aurélie nous a envoyé des colis que nous (*recevoir, passé composé*) ....
2. Il utilisait les outils que son père lui (*donner, plus-que-parfait*) ....
3. Les jeux offerts à Chloé (*ne pas lui plaire, passé composé*) ....
4. Nous surmonterons la peur que nous (*ressentir, futur antérieur*) ....
5. Les correspondants, (*ne pas les recevoir, passé composé*) ....jeudi ?
6. Cette poésie que nous lisions ensemble, (*ne pas l'aimer, plus-que-parfait*) .... ?

★★★
Enrichir l'écriture

11 Transformez selon l'exemple et soulignez l'auxiliaire.

Exemple
On a rangé les assiettes dans le buffet. → Les assiettes <u>ont été</u> rangées dans le buffet.

1. On a baissé les stores du magasin.

....

2. On a cuit la volaille à la broche.

....

3. On a hissé les voiles du trois-mâts.

....

4. On a empilé les boîtes de conserve sur les rayons.

....

12 Évitez la répétition en employant le pronom relatif *que*. Veillez à l'accord des participes passés.

Exemple
Vous avez trouvé des champignons. Ces champignons ne sont pas comestibles.
→ Les champignons que vous avez trouvés ne sont pas comestibles.

1. Le pirate a trouvé une pirogue. Il a tiré la pirogue jusqu'au rivage.

....

2. Les sapins sont devenus grands. Mon père a planté ces sapins.

....

3. La région a été dévastée par les conflits. Les habitants ont fui la région.

....

4. Je revoyais la maison. Ma mère avait habité cette maison.

....

5. La pauvre bête est un vieil âne blessé. Jacques a recueilli cette pauvre bête.

....

6. La rose lui a été offerte par Lancelot. Guenièvre a posé une rose sur la table.

....

13 Dans votre cahier, récrivez cet extrait en remplaçant Robinson par « la jeune fille » et en conjuguant les verbes au passé composé.

« En errant au pied du grand rocher, Robinson découvrit une espèce de mangue sauvage qu'il découpa avec son couteau de poche et qu'il mangea. Puis il se glissa sous une pierre et s'endormit.

Réveillé par les premiers rayons du soleil levant, il commença à redescendre vers le rivage d'où il était parti la veille. Il sautait de rocher en rocher et de tronc en tronc, de talus en talus et de souche en souche, et il y trouvait un certain plaisir. »

D'après Michel Tournier, *Vendredi ou la Vie sauvage*, © Éditions Gallimard, 1971

Période 2

13 Les déterminants

Qu'avez-vous retenu ?

1 Complétez la phrase suivante.

Un déterminant est placé devant ....

2 Associez chaque déterminant à ses caractéristiques.

- article défini ○
- article indéfini ○
- article contracté ○
- article partitif ○
- déterminant possessif ○
- déterminant démonstratif ○
- déterminant interrogatif ○

- ○ s'emploie pour poser une question.
- ○ sert à montrer un élément précis ou à reprendre un nom dont on vient de parler.
- ○ introduit un nom connu, ou déjà cité.
- ○ précise à qui appartient ce dont on parle.
- ○ signifie « un peu de ».
- ○ est « fusionné » avec une préposition.
- ○ introduit un élément nouveau, dont on n'a pas encore parlé, un parmi d'autres.

3 Retrouvez le nom de chaque groupe de déterminants et complétez la liste.

	Exemples	Autres exemples
....	notre, leur	....
....	la	....
....	un	....
....	cet, ce	....

4 a. Donnez le genre et le nombre du nom *enfant* dans *cette enfant*. Qu'est-ce qui vous permet de répondre ?

....

b. Recopiez ce groupe nominal en mettant *enfant* au masculin, puis au pluriel.

....

5 Retrouvez la liste des articles contractés en complétant ce qui suit.

à + le = ... à + les = ... de + le = ... de + les = ...

6 Corrigez la phrase suivante et expliquez la règle.

Tu as des beaux yeux. ....

Devant un ....

7 Ne confondez pas *le*, *la* ou *les* déterminants et *le*, *la* ou *les* pronoms.

a. Un déterminant est placé devant ....

b. Un pronom est généralement placé devant ....

Mon score sur TDLab

.... %

Acquérir des automatismes

1 Parmi les mots en gras, surlignez les déterminants, soulignez les pronoms.

1. J'aime beaucoup **les** fraises, je **les** cueille dans **les** champs et **les** déguste sans attendre. 2. **L'**hôtesse saisit **la** valise, **la** pesa, **l'**étiqueta, et **la** plaça sur **le** tapis roulant qui **l'**emporta vers **l'**avion. 3. Mes amis ont du mal à apprendre **leur** leçon : je **la leur** fais réciter et **les** aide pour **leurs** exercices.

2 Dans le texte suivant, entourez les déterminants. À l'oral, précisez leur nature exacte.

« Cet après-midi, à l'école, on n'a pas rigolé, parce que le directeur est venu en classe nous distribuer les carnets. Il n'avait pas l'air content, le directeur, quand il est entré avec nos carnets sous le bras. « Je suis dans l'enseignement depuis des années, il a dit, le directeur, et je n'ai jamais vu une classe aussi dissipée. Les observations portées sur vos carnets par votre maîtresse en font foi. Je vais commencer à distribuer les carnets. » »

René Goscinny, « Les carnets », *Le Petit Nicolas*, IMAV éditions, 2013

3 À l'oral, dites si les déterminants en gras sont des articles indéfinis ou contractés.

1. J'ai rapporté **des** carottes du potager **des** voisins. 2. Les cris **des** enfants faisaient s'envoler **des** nuées d'oiseaux. 3. Au cours **des** vacances, **des** plaisantins ont modifié l'emploi du temps **des** élèves.

4 Dans les phrases suivantes, entourez les articles contractés.

1. Nous approchons du but : j'aperçois le clocher du village. 2. Baptiste a laissé au collège la liste des exercices à rendre au retour des vacances. 3. La mère des jumeaux leur a offert pour les féliciter de leur travail un magnifique cocker au poil roux.

5 À l'oral, précisez la nature exacte des déterminants en gras.

« À **cette** époque régnait sur **la** Bretagne **un** roi nommé Constant. Il avait trois fils. **L'**aîné s'appelait Moine, le second Pendragon, et le troisième Uter. **Son** sénéchal, **du** nom de Vertigier, était **un** homme intelligent et habile, et un **des** meilleurs chevaliers de **cette** époque. Lorsque Constant mourut, après **un** long règne, **les** seigneurs **du** royaume se réunirent pour décider qui ils feraient roi. La majorité fut d'accord pour donner **le** trône à Moine, **l'**aîné **des** trois fils, malgré **son** jeune âge. »

Anne-Marie Cadot-Colin, *Merlin*, LGF, 2009

Développer la réflexion

Orthographe

6 Complétez par *ces* ou *ses*. À l'oral, justifiez votre choix.

1. Avez-vous vu .... oiseaux ? 2. Léon cherche .... ciseaux. 3. Un jour, un homme et .... deux enfants s'installèrent dans la maison voisine ; .... étranges personnages allaient et venaient jour et nuit. 4. Jean aurait donné .... plus beaux trésors pour revivre .... instants merveilleux. 5. Le centre de la France et .... grands fleuves offraient des terres fertiles et de bons moyens de communication : dans .... régions se sont développées des villes riches. 6. .... événements ont permis à Marie et .... frères de montrer leur talent.

Période 2

Orthographe

7 Complétez par *leur* ou *leurs*.

Le pronom *leur* est invariable.

1. .... professeur .... a remis .... carnets.
2. Les élèves ont rangé dans .... sac .... trousse, ... livres et .... classeur.
3. Les enfants ont salué .... oncle puis sont allés rejoindre .... cousins dans le jardin.
4. .... avez-vous rendu .... affaires ?

Orthographe

8 Réécrivez les phrases en mettant le sujet au singulier et en faisant les changements nécessaires.

1. Ces hommes prennent le train tous les jours. ....
2. Ses frères rejoignent leur régiment demain. ....
3. Ces étranges maux frappaient tous les habitants de la ville. ....
....
4. Mes cousins sont venus avec leurs enfants. ....
5. Ces longues journées nous épuisaient. ....
6. Ces amis fidèles ne manquent jamais de me rendre visite. ....
....

Orthographe

9 Réécrivez les phrases en mettant le sujet au pluriel et en faisant les changements nécessaires.

1. Mon voisin joue souvent dans son jardin avec ses sœurs.
....
2. Une magnifique pomme est suspendue à l'arbre.
....
3. Cet homme comprend beaucoup de choses et résout tous les problèmes.
....
4. Son frère nous rejoint dans cinq minutes.
....

Orthographe

10 Complétez les phrases par *quel*, accordé comme il convient.

1. À .... heure rentrent-ils ? 2. .... belles vacances nous avons passées ! 3. .... sont vos projets ? 4. .... amies avez-vous invitées ? 5. .... est la bonne réponse ? 6. .... génie, ce Léonard !

Orthographe

11 Complétez par *quelle*, *quelles*, *qu'elle* ou *qu'elles*.

1. Elles avaient oublié .... devaient rentrer avant minuit. 2. Elles avaient oublié .... questions elles devaient poser. 3. .... route a-t-elle suivie ? 4. .... sorte immédiatement. 5. .... magnifique surprise ! 6. .... est cette princesse si belle .... éclipse toutes les autres ? 7. .... en soient remerciées.

Orthographe

12 Complétez par *tout* ou *tous*.

1. .... les hommes naissent égaux en droits. 2. .... le monde t'attend. 3. Elle vient ici .... les jours. 4. Il a été absent durant .... ce temps. 5. .... son argent ne lui a servi à rien. 6. Il a réuni .... ses amis. 7. Regarde .... ces oiseaux.

Orthographe

13 Choisissez l'orthographe qui convient.

1. À *cet* / *cette* instant, je sus que *cet* / *cette* amie jouerait un grand rôle dans ma vie.
2. J'ai oublié *mais* / *mes* clés *mais* / *mes* heureusement, Julien a les siennes.
3. Tu *tes* / *t'es* déjà lassé de *tes* / *t'es* nouveaux jouets.
4. *Ses* / *s'est*-il habitué à *ses* / *s'est* nouveaux horaires ?
5. *Ma* / *M'a* sœur *ma* / *m'a* avertie de son arrivée.
6. Mathieu et *son* / *sont* frère ne *son* / *sont* pas encore rentrés.
7. Ils *mon* / *m'ont* obligé à leur donner *mon* / *m'ont* travail.
8. *Son* / *Sont*-ce là les bijoux dont vous m'avez parlé ?

14 Dans votre cahier, donnez la nature des mots en gras. Précisez la nature exacte des pronoms et des déterminants.

« **Ils** descendirent **péniblement** la berge en boitant, **et celui** des deux hommes qui **marchait** en premier trébucha tout d'un coup. Ils étaient fatigués et **faibles** ; **leur** visage avait **cette** expression de **patience** lasse qui **naît** de privations endurées de **longue** date. Ils étaient **lourdement** chargés de ballots enveloppés de **couvertures** qu'ils avaient fixés à **leurs** épaules. **Des** lanières qui **leur** passaient **sur** le front **les** aidaient **à** porter **ces** paquets. Chaque homme avait **un** fusil. »

Jack London, *L'Homme et le Loup*, trad. Michel Laporte, LGF, 2010

★★★ **Enrichir l'écriture**

15 Recopiez les groupes nominaux suivants en ajoutant entre le déterminant et le nom l'adjectif entre parenthèses, que vous accorderez comme il convient.

Mon amie (*meilleur*) .... – ce talent (*extraordinaire*) .... – des rencontres (*bref*) .... – cet élève (*nouveau*) .... – des chevaux (*immense*) .... – une aventure (*pareil*) .... – cet amour (*fou*) ....

16 Complétez le texte suivant par les déterminants qui conviennent. À l'oral, précisez leur nature.

« .... grand cerf blanc sortit d'................ fourré d'aubépines sans déranger .... moindre fleur. .... poil était pareil à .... neige fraîchement tombée et tandis qu'il traversait la clairière .... ramure se balançait comme la voilure d'.......... vaisseau.

Merlin aimait prendre .... apparence quand il se déplaçait dans .... forêt. Il s'arrêta sans bruit au débouché .... sentier qui menait à .... source de l'Œil. .... fille était en train de s'y baigner. .... cerf la voyait à travers .... feuillage. Dans l'eau jusqu'.................. genoux, elle y puisait avec .... mains en coupe, et s'en éclaboussait. Elle riait pour ne pas frissonner, poussait .... exclamations, chantait .... bribes d'air sans paroles. .... soleil jouait sur .... courts cheveux dansants et sur .... perles d'eau qui roulaient sur .... peau rose et dorée. »

René Barjavel, *L'Enchanteur*, Denoël, 1984

Période 2

14 La voix passive

Qu'avez-vous retenu ?

1 Complétez les phrases.

a. Un verbe peut être conjugué à la voix .... ou à la voix ....

b. Un verbe est à la voix .... si le sujet fait l'action.

c. Si le sujet ne fait pas l'action mais la subit, le verbe est à la voix ....

d. À la voix ...., c'est le complément d'agent qui accomplit l'action.

e. Ce complément est introduit par les prépositions .... ou ....

2 Vrai ou faux ?

a. Une phrase est soit à la voix active, soit à la voix passive. ○ Vrai ○ Faux

b. À la voix active, c'est le sujet du verbe qui fait l'action. ○ Vrai ○ Faux

c. Tous les verbes peuvent être conjugués à la voix passive. ○ Vrai ○ Faux

d. À la voix passive, il y a toujours un complément d'agent dans la phrase. ○ Vrai ○ Faux

e. Le complément d'agent peut être introduit par *à*, *de*, *par*, *pour* ou *sans*. ○ Vrai ○ Faux

3 Complétez les phrases.

a. À la voix passive, le verbe est toujours conjugué avec l'auxiliaire ....

b. Donc, à la voix passive, le participe passé s'accorde toujours avec le ....

c. C'est .... qui indique le temps du verbe.

d. Pour connaître le temps d'un verbe à la voix passive, il faut regarder ....

e. Pour conjuguer un verbe à la voix passive, il faut conjuguer .... au temps demandé et ajouter ....

f. Quand on transpose une phrase active à la voix passive, c'est le .... qui devient le sujet du verbe.

g. Quand on transpose une phrase passive à la voix active, c'est le .... qui devient le sujet du verbe.

4 Transposez les phrases suivantes à la voix passive. Indiquez la fonction des groupes soulignés ainsi que la fonction qu'ils occupent dans la phrase obtenue. Indiquez les transformations par des flèches.

Les policiers attrapent le voleur.

....

On a aperçu Lola Monbourg à Paris.

....

Mon score sur TDLab

.... %

Acquérir des automatismes

1 Surlignez seulement les verbes à la voix passive.

1. Le chat est entré par la fenêtre. **2.** Les ampoules hors d'usage ont été remplacées. **3.** Mireille est arrivée en retard. **4.** Un bijou de grande valeur a été volé au musée du Louvre. **5.** Les salles étaient nettoyées tous les matins par les élèves. **6.** Le nom des gagnants sera annoncé à midi. **7.** Ce médecin avait guéri de nombreuses maladies.

Attention, le complément d'agent n'est pas toujours exprimé.

2 a. Surlignez seulement les verbes à la voix passive.
b. Dans ces phrases passives, soulignez le sujet en rouge et le complément d'agent en bleu.

1. Une douzaine d'élèves allemands ont été accueillis par des familles de Corrèze.
2. Monsieur Boulanger était apprécié de tous ses voisins.
3. Nos amis sont venus spécialement de Vienne pour nous aider.
4. Des troupeaux de bisons ont été aperçus près du fleuve.
5. Ces réparations ont été effectuées avec un soin extrême par des ouvrières spécialisées.
6. Le navire était entré dans le port par un temps épouvantable.

3 Indiquez le temps et la personne de ces verbes à la voix passive.

sont aidés : ....
serons convaincus : ....
es transporté : ....
était demandé : ....
avez été vus : ....
sera reconnu : ....
est vidé : ....
a été évité : ....
avaient été enlevés : ....
....

4 Conjuguez à la voix active, puis à la voix passive, au temps demandé.

1. Je (*prendre, présent*) : ....
2. Nous (*aimer, futur*) : ....
3. Tu (*observer, imparfait*) : ....
4. Je (*soutenir, passé composé*) : ....
5. Vous (*soigner, imparfait*) : ....
6. Tu (*rejoindre, présent*) : ....
7. Elles (*jouer, futur*) : ....

5 Entourez les verbes conjugués, puis indiquez leur voix et leur temps.

1. Les habitants avaient rarement vu autant de monde dans leur petite ville. .... **2.** Autrefois, à la table de Noël, une place était toujours laissée pour un visiteur éventuel. .... **3.** Viendront alors les premières neiges et le temps des veillées au coin du feu. .... **4.** Les clôtures du chantier ont été arrachées par des manifestants. .... **5.** Vos papiers vous seront impérativement rendus avant l'arrivée à l'aéroport. .... **6.** L'invité tant attendu n'était pas encore arrivé. .... **7.** Les nouveaux élèves étaient traditionnellement accueillis par des 5e volontaires. ....

Période 2

Développer la réflexion

6 Conjuguez le verbe à la voix passive, au temps indiqué. Attention aux accords.

1. Les travaux (*achever, passé simple*) .... en un temps record.
2. Dans cet établissement très chic (*inviter, imparfait*) .... régulièrement .... les plus grandes célébrités du pays.
3. Les déchets ramassés sur cette plage (*rassembler, trier, recycler, passé composé*) ....
4. (*Réunir, présent*) .... par les circonstances le Premier ministre britannique et le président français.
5. Un vase précieux (*briser, plus-que-parfait*) .... au cours de la soirée.
6. La région menacée par les intempéries (*évacuer, futur*) .... par les pompiers.

7 Dans votre cahier, faites une phrase avec chacune des formes verbales suivantes. Précisez la voix et le temps du verbe.

Es poursuivi – avait été emporté – seront devenues – sommes arrivés – fus sauvé – étaient entrés – a été bouleversé.

8 Transposez les phrases suivantes à la voix passive.

1. Deux enfants ont découvert ces peintures en 1872. ....
2. À cette époque-là, des pirates attaquaient souvent les navires. ....
3. Lorsque les pirates arrivèrent sur les lieux, quelqu'un avait déjà emporté le trésor. ....
4. Le gigantesque serpent attaqua le lion. ....
5. Le maire prononcera un discours pour cette occasion. ....

9 Même consigne.

1. L'équipe de Barcelone a remporté la victoire au dernier moment.
....
2. On transporta les blessés à l'hôpital le plus proche.
....
3. Pendant la première partie des épreuves, des candidats expérimentés nous aideront.
....
....
4. On découvrit les élèves coupables et on les interrogea longuement.
....
5. Dans ces épiceries coopératives, on conserve les produits invendus, on les donne à des associations et on les utilise pour cuisiner des repas offerts à la collectivité.
....
....

10 Transposez les phrases suivantes à la voix active.

1. Le traître Ganelon fut châtié par Charlemagne.

....

2. La porte a été forcée à coups de hache par des malfaiteurs.

....

3. Les coffres avaient été intégralement vidés !

....

4. Le jeune garçon était accompagné, pour sa première visite, de plusieurs camarades.

....

5. Les prisonniers furent raccompagnés dans leur cellule et solidement attachés.

....

★★★

Enrichir l'écriture

11 Évitez l'emploi du pronom indéfini *on* en utilisant la voix passive. Quand c'est possible, ne répétez pas l'auxiliaire.

Exemple

On apporta des seaux d'eau à la hâte et on les jeta sur les flammes.

→ Des seaux d'eau furent apportés à la hâte et jetés sur les flammes.

1. Chaque matin, on vidait le poêle, on le nettoyait, et on le remplissait à nouveau.
2. Quelqu'un avait enlevé le bijou, l'avait réparé et remis à sa place sans que personne ne s'en aperçût.
3. À chaque migration, on chassait quelques bêtes, on les dépeçait, on mettait la viande en morceaux, on la fumait et on la conservait précieusement.

12 a. Dans votre cahier, recopiez ce texte en transposant les phrases, à partir de la deuxième, à la voix passive.

Le trésor des pharaons a fait rêver bien du monde. Toutes sortes d'aventuriers l'ont convoité en vain. Des archéologues l'ont recherché méthodiquement pendant des années. Un égyptologue anglais, Howard Carter, le découvre finalement en 1922 sur la rive ouest du Nil. On le sort alors de son tombeau de pierre, on le rassemble et le ramène à Londres où on le présente au public lors d'une exposition fabuleuse au British Museum.

b. Quel est l'intérêt de cette transformation ?

....

13 À votre tour, rédigez un petit paragraphe à la voix passive pour raconter les conséquences d'une inondation. Vous pouvez commencer par « Cette année-là, une terrible inondation frappa la ville de * » et décrire les voies de circulation coupées, les habitants immobilisés chez eux, les objets emportés…**

15 Le passé simple et le passé antérieur

Qu'avez-vous retenu ?

1 Complétez les phrases suivantes.

a. Les verbes en *-er* ont un passé simple en ....

b. Les verbes en *-ir(e)* (sauf *courir, mourir*), *-uire* et la plupart des verbes en *-dre* ou *-tre* ont un passé simple en ....

c. Les verbes en *-oir* ou *-oire* et *courir* ont un passé simple en ....

d. Les verbes *tenir*, *venir* et leurs composés ont un passé simple en ....

2 À quelles personnes trouve-t-on l'accent circonflexe ? ....

3 De quels verbes s'agit-il ?

a. Il fit : .... ; il fut : ....

b. Il se tut : .... ; il se tua : ....

c. Il nia : .... ; il naquit : ....

d. Il sut : .... ; il sua : ....

e. Il vit : .... ; il vécut : ....

f. Il peignit : .... ; il peigna : ....

4 Classez les verbes suivants dans le tableau.

s'asseoir – voir – résoudre – rejoindre – plaire – pleuvoir – acquérir – mourir – avoir – connaître – naître – descendre – détruire – être

Passé simple en *-i*	Passé simple en *-u*
....	....
....	....
....	....

5 Comment nomme-t-on le temps composé dans lequel l'auxiliaire se conjugue au passé simple ? Donnez un exemple de ce temps.

....

6 Conjuguez à toutes les personnes :

Un verbe du 1er gr.	Un verbe du 2e gr.	Verbes du 3e groupe		
		Un passé simple en *-i*	Un passé simple en *-u*	Un passé simple en *-in*
....	....	....	....	....
....	....	....	....	....
....	....	....	....	....
....	....	....	....	....
....	....	....	....	....
....	....	....	....	....

Mon score sur TDLab

.... %

Acquérir des automatismes

1 Mettez les verbes suivants au passé simple.

1. Je trouv............... cela très amusant.
2. Nous all...................... à l'opéra.
3. Vous approuv.................... vivement.
4. Elle refus............. de sortir.
5. Il donn............. son pain.
6. Tu embrass................ ta grand-mère.

2 Conjuguez les verbes suivants à l'imparfait puis au passé simple.

1. Je nettoie : je .... ; je ....
2. Nous prenons : nous .... ; nous ....
3. Il enregistre : il .... ; il ....
4. Tu atterris : tu .... ; tu ....
5. Vous lisez : vous .... ; vous ....
6. Elles rangent : elles .... ; elles ....
7. Tu parais : tu .... ; tu ....
8. Il peut : il .... ; il ....
9. Je crains : je .... ; je ....

3 Conjuguez les verbes entre parenthèses au passé simple.

1. En entrant, j'(*allumer*) .... la lumière et je l'(*éteindre*) .... en sortant.
2. Les chiens (*aboyer*) ....dès qu'ils (*entendre*) .... du bruit.
3. Elle les (*apercevoir*) .... et (*se précipiter*) .... à leur rencontre.
4. Lorsque les élèves (*apprendre*) .... que le contrôle était reporté, la déception (*se lire*) .... sur leurs visages.
5. Dès qu'il (*faire*) .... jour, les oiseaux (*reprendre*) .... leurs chants.
6. Les attractions (*se succéder*) .... à un rythme endiablé.
7. Nous (*humer*) .... la délicieuse odeur et (*manger*) .... avidement le ragoût.

4 Conjuguez au passé simple.

1. Être atteint

....
....
....
....
....
....

2. Avoir mal

....
....
....
....
....
....

3. Ne pas finir ses devoirs

....
....
....
....
....
....

Période 2

5 Conjuguez au passé antérieur.

1. Atteindre son but
....
....
....
....
....
....

2. Se lever de bonne heure
....
....
....
....
....
....

★★ Développer la réflexion

Orthographe

6 Barrez les verbes qui ne sont pas au passé simple. Justifiez votre réponse à l'oral.

Nageai – nageais – vendis – vendus – fit – fut – fait – eu – dites – dîtes – coulât – coulâtes – donnai – volerai – aèrent – allèrent – naquit – votait – votas.

7 Indiquez le temps auquel chaque verbe est conjugué.

1. L'année dernière, je louai une maison à la campagne.
   ....
2. Je louais souvent cette petite maison.
   ....
3. Ce jour-là, le peintre finit son travail plus tôt.
   ....
4. Ce matin, tu finis de repeindre les volets !
   ....
5. Il bavardait sans cesse, ce qui finit par nous agacer.
   ....

8 Transposez les verbes selon le temps indiqué.

Verbes	Passé composé	Plus-que-parfait	Passé antérieur
Je reprends	....	....	....
Tu crois	....	....	....
Nous concevons	....	....	....
Ils retiennent	....	....	....
Ils mettent	....	....	....
Tu pars	....	....	....
Elles arrivent	....	....	....
Vous rejoignez	....	....	....
Nous concluons	....	....	....

9 Mettez les verbes en gras au passé simple et faites les changements nécessaires.

1. Lorsqu'il a fini de se laver les dents, il **va** se coucher.
....

2. Dès que Mathilde est entrée dans la maison, elle **pousse** un cri de joie.

....

3. Elle **s'est levée**, elle a mis son chapeau, a enfilé son manteau de pluie parce qu'il pleuvait, a ouvert la porte et est sortie.

....

....

4. Une fois qu'il a fermé l'enveloppe, il y écrit l'adresse, l'affranchit et **va** la poster.

....

....

Demandez-vous avec quel auxilaire le verbe est habituellement employé.

10 Observez les verbes en gras : écrivez PA s'ils sont au passé antérieur et PSP s'ils sont au passé simple passif. À l'oral, justifiez votre réponse.

1. À peine l'**eut**-elle **aperçu**, qu'elle sentit son cœur battre. ....
2. Dès que je **fus sortie**, je vérifiai que je n'avais rien oublié. ....
3. Ils **furent pris** de terreur et s'enfuirent à toutes jambes. ....
4. Lorsqu'il **fut** enfin **rentré**, ses parents **furent soulagés**. ....
5. Quand il **se fut décidé** à chanter, Bernard **fut acclamé** par tous ses amis. ....

★★★

Enrichir l'écriture

11 Conjuguez les verbes entre parenthèses à l'imparfait ou au passé simple.

L'hiver dernier, j'(*attraper*) .... la grippe. J'(*avoir*) .... de la fièvre, mais je ne (*souffrir*) .... pas. Je (*lire*) .... plusieurs livres, bien emmitouflée dans ma couette. Je (*se dire*) .... qu'il (*être*) .... parfois agréable d'être malade. Mais, un soir, le mal de tête (*survenir*) .... ! Alors, je (*changer*) .... d'avis : je (*souhaiter*) .... une rapide guérison.

12 Complétez les phrases suivantes de façon logique en mettant un verbe au passé simple.

1. À peine le jeune homme eut-il ouvert les yeux, ...
2. Lorsque que tout le monde fut monté à bord, ...
3. Quand elle eut terminé ses préparatifs, ...
4. Dès qu'ils eurent aperçu la terre, ...

13 Complétez les phrases suivantes de façon logique en mettant un verbe au passé antérieur.

1. Les aventuriers commencèrent leurs explorations après que ....
2. Lorsqu'il ...., notre jeune héros sut que la bataille était gagnée.
3. Les pirates poussèrent des « hourra ! » dès que ....
4. À peine ...., que la jeune fille comprit son erreur.

Période 2

16 Les temps du récit

Qu'avez-vous retenu ?

1 Complétez la phrase.

Les deux principaux temps du récit au passé sont ……………………………………………………….

2 Barrez les temps qu'on ne peut trouver dans un récit au passé.

Passé simple | passé composé | plus-que-parfait | passé antérieur | futur

3 Qui suis-je ?

Je suis un temps du passé qui exprime une action bien délimitée dans le temps (on pourrait préciser à quel moment exact elle se situe). Je suis ……………………………………….

4 Qui suis-je ?

Je suis un temps du passé qui exprime une action dont on ne connaît pas le début ou la fin. Je suis ……………………………….

5 Quel temps devez-vous employer pour exprimer les actions suivantes ? Choisissez entre imparfait et passé simple.

a. Une action en train de se dérouler : ……………………………….

b. Une suite d'actions qui se succèdent : ……………………………………

c. Des actions qui se répètent : ……………………………….

d. Une description : ……………………………….

e. Une action soudaine, qui survient à un moment précis : ……………………………………

f. Une action bien située dans le temps (on pourrait préciser le moment exact) ……………
……………………

g. La description de la situation d'un personnage : ……………………………….

h. Le récit d'habitudes : ……………………

6 a. Lisez les deux phrases suivantes et identifiez le temps de chaque verbe.

Aussitôt qu'il fut arrivé, le célèbre détective rassembla les invités dans le salon.

………

Comme il avait plu toute la nuit, il ne restait aucune trace de pas visible dans le jardin.

………

b. À quel moment se situe l'action au temps composé par rapport à celle au temps simple ?

………

Mon score sur TDLab

…………………… %

★ **Acquérir des automatismes**

1 Utilisez le passé simple pour exprimer des actions qui se succèdent.

1. Roland (*saisir*) .... sa lance, (*sauter*) .... sur son cheval et (*s'élancer*) .... au galop.
2. J'(*esquiver*) .... le coup, (*ramasser*) .... mon épée et (*se remettre*) .... en position.
3. Les deux chevaliers (*se défier*) .... et (*se jeter*) .... l'un contre l'autre.

2 Finissez la phrase en ajoutant deux autres actions au passé simple.

1. Roland leva son épée, ...
2. Olivier frappa Chernuble, ...
3. Je pris la tête de l'armée, ...

3 a. Lisez les textes suivants. Quel est le temps employé ? Pourquoi ?
b. Ajoutez à ces textes trois phrases de votre invention, au temps qui convient.

Le cimetière était plongé dans l'obscurité. Les tombes s'alignaient devant nous, recouvertes de ronces. Les hautes croix rouillées ployaient sous les broussailles.

....

Chaque jour, le capitaine réunissait les officiers dans son bureau. Il déployait les cartes, y traçait leur progression. Pendant ce temps, l'équipage vaquait à ses occupations.

....

Soudain, Hands se releva et se jeta sur Jim. Celui-ci lui échappa et s'enfuit à l'autre bout du pont. Le marin se lança à sa poursuite.

....

4 Entourez les verbes conjugués. À l'oral, analysez leur temps et justifiez l'emploi de ce temps.

1. Perceval s'engagea sur le pont mais, apercevant une silhouette à l'autre bout, il arrêta son cheval.
2. La mer était parfaitement lisse, un soleil écrasant rayonnait dans le ciel sans nuages.
3. Comme les hommes de Charlemagne faisaient route vers le nord, ils entendirent le cor de Roland.
4. Robinson parvint enfin au sommet de la colline et put embrasser tout le paysage du regard : il réalisa avec angoisse qu'il se trouvait sur une île de faibles dimensions.
5. Jim naviguait depuis un long moment quand une vague violente renversa la chaloupe.

5 Transposez les phrases au passé. Vous devrez mettre les verbes soit au passé simple, soit à l'imparfait.

1. À bord, chacun (*se rend*) .... utile : les marins expérimentés (*se chargent*) .... de la navigation ; les plus jeunes (*raccommodent*) .... les voiles et (*entretiennent*) .... le pont.
2. À cet instant, des voix (*retentissent*) .... dans l'obscurité, un bruit de pas (*se fait*) .... entendre : Jim (*se jette*) .... aussitôt dans l'ombre.
3. Les jours (*se suivent*) ...., tous semblables, et les marins (*commencent*) .... à désespérer. Mais un soir, la vigie (*pousse*) .... un cri.
4. Je (*comprends*) .... alors qui (*est*) .... le véritable chef des pirates.

★★

Développer la réflexion

6 Transposez les verbes au présent au passé simple : à quel temps devez-vous mettre les verbes au passé composé ? À l'oral, expliquez pourquoi.

....

1. Jim réalise avec désespoir que ses amis l'ont abandonné.

....

2. Jim pousse un cri de joie : il a enfin trouvé la solution de l'énigme.

....

3. Les quatre amis découvrent enfin la grotte dans laquelle ont trouvé refuge les pirates.

....

....

7 Conjuguez les verbes au temps indiqué. À l'oral, justifiez l'emploi de ce temps.

« Nous (*arriver, plus-que-parfait*) .... à l'orée du taillis.

– Hourra, camarades ! (*s'écrier, passé simple*) .... Merry.

Les plus avancés (*se mettre, passé simple*) .... aussitôt à courir, mais, brusquement, nous les (*voir, passé simple*) .... s'arrêter à dix pas de nous. Un cri étouffé (*s'élever, passé simple*) .... Silver (*redoubler, passé simple*) .... de vitesse, enfonçant dans le sol l'extrémité de sa béquille avec une fureur démente. Une minute après, nous (*rester, imparfait*) ...., lui et moi, cloués sur place à notre tour.

Devant nous (*s'ouvrir, imparfait*) .... une grande excavation, pas très récente car ses parois (*s'ébouler, plus-que-parfait*) .... et de l'herbe (*pousser, plus-que-parfait*) .... au fond. Elle (*contenir, imparfait*) .... le manche d'une pioche brisé en deux, et les planches éparses de plusieurs caisses. Sur l'une d'elles, je (*voir, passé simple*) ...., marqué au fer rouge, le mot *Walrus*, le nom du bateau de Flint.

Nous ne (*pouvoir, imparfait*) .... conserver aucun doute : on (*découvrir, plus-que-parfait*) .... et (*piller, plus-que-parfait*) .... la cachette, et les sept cent mille livres (*disparaître, plus-que-parfait*) .... »

Robert Louis Stevenson, *L'Île au trésor*, 1883

8 **Dans votre cahier, transposez le texte suivant au passé. Quelle phrase ne devez-vous pas changer ? Pourquoi ?**

....

« Cependant, je suis arrivé à la porte, et je me redresse. Je ne peux rien distinguer à l'intérieur où règnent d'opaques ténèbres. D'autre part, je n'entends que le ronflement régulier des dormeurs et, parfois, de petits bruits semblables à des froissements de plume ou à des coups de becs, parfaitement inexplicables pour moi.

J'entre d'un pas ferme, les bras tendus en avant. Mon pied heurte un objet mou : la jambe d'un dormeur qui se retourne en grognant mais sans s'éveiller. Puis, brusquement, une voix stridente se met à crier dans les ténèbres : « Pièces de huit ! pièces de huit ! »

Capitaine Flint, le perroquet de Silver ! C'est lui que j'ai entendu becqueter un morceau d'écorce ; c'est lui qui, montant la garde mieux qu'aucun être humain, annonce mon arrivée. Je n'ai pas le temps de retrouver mes esprits. Éveillés par la voix grinçante du perroquet, les dormeurs se lèvent d'un bond. Puis j'entends Silver crier : « Qui va là ? » »

D'après Robert Louis Stevenson, *L'Île au trésor*, 1883

★★★ **Enrichir l'écriture**

9 **Transformez les phrases selon l'exemple en utilisant le passé antérieur.**

Exemple
Le capitaine acheva son travail et il convoqua l'équipage.
→ Lorsque le capitaine eut achevé son travail, il convoqua l'équipage.

1. Les derniers passagers montèrent sur le navire et on largua les amarres.

....

....

2. Je rassemblai mes affaires et j'allai faire mes adieux à mes camarades.

....

....

3. Les pirates s'éloignèrent et Jim sortit de sa cachette.

....

Rédaction

10 **Les chevaliers de l'Ombre se battent contre l'armée du traître Baléon et sont en mauvaise posture. Au moment où tout semble perdu, les chevaliers du Val arrivent en renfort et sauvent la situation. En une dizaine de phrases, racontez ce tournant dans la bataille.**

a. **Dans la première partie du texte, vous devez décrire la situation des chevaliers de l'Ombre : quel temps devez-vous employer ?** ....
Vous pouvez utiliser les expressions suivantes, au passé : ***la bataille fait rage, les coups pleuvent, les hommes tombent, la situation semble…***

b. **Dans la seconde partie du texte, vous devez insister sur le caractère soudain de l'action : quel temps devez-vous employer ?** ....

17 L'attribut du sujet

Qu'avez-vous retenu ?

1 Formulez une définition de l'attribut du sujet en employant ces mots.

une caractéristique | donne | un verbe d'état | par l'intermédiaire

....

....

2 Dans la phrase, remplacez le verbe d'état par le signe mathématique qui convient.

Son père est dentiste. → Son père .... dentiste.

3 Illustrez chacune de ces phrases par un dessin. Donnez la fonction du mot *malade*.

Julie est malade.	Julie soigne le malade.
Fonction de *malade* :	Fonction de *malade* : ....

4 Complétez : l'attribut du sujet s'accorde en genre et en nombre avec ....

5 Vrai ou faux ?

a. L'attribut du sujet permet d'indiquer une caractéristique du sujet. ○ Vrai ○ Faux
b. L'attribut du sujet se trouve toujours à côté du sujet. ○ Vrai ○ Faux
c. L'attribut du sujet est relié au sujet par un verbe d'état. ○ Vrai ○ Faux
d. L'attribut du sujet est toujours un adjectif qualificatif. ○ Vrai ○ Faux
e. Le COD peut être un adjectif qualificatif. ○ Vrai ○ Faux

6 Donnez la liste des principaux verbes d'état.

....

7 Ne confondez pas COD et attribut du sujet :

Le COD désigne une chose .... du sujet.

L'attribut du sujet désigne .... que le sujet.

8 Rappel : l'adjectif qualificatif exerce deux principales fonctions. Complétez :

Lorsqu'il fait partie du groupe nominal, l'adjectif qualificatif a pour fonction ....

Lorsqu'il est relié au nom qu'il qualifie par l'intermédiaire d'un verbe d'état, l'adjectif qualificatif a pour fonction ....

Mon score sur TDLab

.... %

Acquérir des automatismes

1 Entourez le verbe, soulignez le sujet en rouge et l'attribut du sujet en noir.

1. À première vue, cette femme paraissait la gardienne de l'école.
2. Quoi ! vous n'êtes pas encore prêtes ?
3. Avec l'âge, mon grand-père devenait de plus en plus sourd.
4. Ceci ne semble-t-il pas une erreur ?
5. Si la route vous semble trop longue, chanter est un agréable passe-temps.
6. Judith passe pour arrogante alors qu'elle est seulement timide.
7. Plus énergiques seront les soins, plus rapide sera la guérison.

2 Dites si les expressions en gras sont des attributs du sujet (AS) ou des sujets inversés (SI).

1. Grande fut **notre surprise** ! ○ AS ○ SI
2. Cet homme pourtant jeune paraît **un vieillard**. ○ AS ○ SI
3. Au coin de la rue paraît **un vieillard**. ○ AS ○ SI
4. Difficile était cette fois **la tâche du professeur**. ○ AS ○ SI
5. C'est ainsi qu'ils demeurent **mes amis**. ○ AS ○ SI
6. C'est là-bas que demeurent **mes amis**. ○ AS ○ SI
7. Hier a été évoquée **une bien étonnante affaire**. ○ AS ○ SI
8. Ce que vous évoquez me paraît **une bien étonnante affaire**. ○ AS ○ SI

3 Dites si les expressions en gras sont des attributs du sujet (AS) ou des COD.

1. Ils ont trouvé **un très agréable appartement**. ○ AS ○ COD
2. Cet atelier deviendra bientôt **un très agréable appartement**. ○ AS ○ COD
3. La santé de mes enfants cause **mon grand souci**. ○ AS ○ COD
4. La santé de mes enfants est **mon grand souci**. ○ AS ○ COD
5. Il ne me semble pas **un méchant homme**. ○ AS ○ COD
6. Évitez avec soin **ce méchant homme**. ○ AS ○ COD
7. Avez-vous vu **la directrice** ? ○ AS ○ COD
8. Cette dame est **la directrice**. ○ AS ○ COD

4 Complétez les phrases suivantes par un sujet. Soulignez l'attribut du sujet.

1. .... passaient pour les meilleures de France.
2. .... eut l'air très confus dès qu'il fallut passer aux explications.
3. D'après cet article, ... est une jeune cuisinière pleine de talent.
4. À présent, ... sont devenus aussi grands que leur père.
5. .... semblait couvert de poussière.
6. Demain, ... ne paraîtra qu'une simple bagatelle.

5 Complétez les phrases suivantes par un attribut du sujet.

1. La lune, sortant des nuages noirs, semblait .... **2.** Avec je ne sais quoi de lugubre, cette maison avait l'air .... **3.** Ce château, construit sur une roche élevée, nous parut .... **4.** La rue de Bellefeuille est ...., si bien que nous l'empruntons toujours avec plaisir. **5.** Encapuchonnés de la tête aux pieds et grelottants, nos amis étaient .... quand ils sont arrivés. **6.** Ces quatre amies demeureront .... quoi qu'il advienne.

★★ **Développer la réflexion**

6 À l'oral, indiquez la fonction des mots et expressions en gras.

L'école était entourée d'un **grand** mur de briques. L'effet était **lugubre**. Tout paraissait si **calme** que je me demandais où étaient **les élèves**. Le professeur parut **surpris** que je ne sache pas qu'ils étaient **en vacances.**

7 Entourez les verbes conjugués, soulignez les sujets en rouge, les attributs du sujet en noir, les compléments d'objet en bleu.

1. Paris, pendant les mois d'été, reste une ville très accueillante.
2. La forêt voisine demeure très belle par temps de neige et s'y promener procure un plaisir toujours renouvelé.
3. Au bord du lac, la maison de mes grands-parents était pleine de charme, c'est pourquoi nous y passions tous nos étés.
4. Vive et alerte était restée cette vieille dame qui habitait la maison voisine.
5. Deux sur un côté de la route, l'autre en face, ils paraissaient petits et se tenaient immobiles. (G. Sand)
6. Au milieu des acclamations qu'inspirait à tous son arrivée, Lancelot semblait très ému.

8 Repérez les adjectifs : écrivez dessous E si la fonction est épithète du nom et A si la fonction est attribut du sujet. Reliez-les par une flèche aux mots qu'ils qualifient.

1. Avec son visage tanné, le vieux marin semblait le plus heureux du monde.

   ....

2. Votre pauvre chien nous a semblé bien souffrant.

   ....

3. Les souvenirs heureux demeurent vivants dans notre esprit.

   ....

4. Malgré sa grande impatience, il resta imperturbablement silencieux.

   ....

5. Vous êtes un beau jeune homme, intelligent : ne doutez pas de votre bonne fortune.

   ....

6. L'homme ne faisait pas de gestes menaçants et n'avait donc pas l'air dangereux.

   ....

Orthographe

9 Mettez les sujets au pluriel. Soulignez l'attribut du sujet.

Faites les modifications nécessaires.

1. Durant tout l'hiver, la maison est restée fermée.

   ....

2. Ce projet vous paraît-il raisonnable ?

   ....

3. Cette enfant nous a semblé souffrante.

   ....

4. N'est-il pas toujours aussi aimable ?

   ....

5. L'ouvrier qui fait des poteries est un potier.

6. Sa jambe semble une massive colonne.

★★★

Enrichir l'écriture

10 Évitez la répétition du verbe d'état selon le modèle.

Le docteur paraissait grave et la mère paraissait anxieuse.
Le docteur paraissait grave, la mère anxieuse.

1. Vers la fin de la journée, le ciel devint noir et l'air devint particulièrement lourd.
2. Grande fut notre surprise et encore plus grande fut notre joie.
3. Martin passe pour un garçon très bavard et Raphaël passe pour un enfant turbulent.
4. Ce meuble est beaucoup trop cher et il est trop grand pour le salon.
5. La pauvre enfant reste assise toute la journée et elle reste muette comme une carpe.

11 Évitez les répétitions en employant des pronoms.

1. Si vous êtes contents de vos cadeaux, je suis aussi contente.
2. Agathe est très forte en mathématiques et, grâce à son aide, Jérôme devient également très fort en mathématiques.
3. Les enfants ont été ravis que tu les emmènes au cinéma. Je ne sais pas s'ils seront autant ravis lorsque nous irons au musée.
4. Ton sac est pratique et mon sac est bien moins pratique.
5. Ton gâteau est délicieux, mais le gâteau de Julia est encore plus délicieux.
6. Cette randonnée s'annonce particulièrement enchanteresse, comme a été enchanteresse la randonnée d'hier.

12 En utilisant au moins cinq verbes d'état différents, décrivez une rue, de nuit, à l'époque de Noël. Vous pouvez employer les adjectifs suivants : *brillant*, *éblouissant*, *scintillant*, *lumineux*, *magique*, *multicolore*, *joyeux*, *doré*, *vif*, *éclatant*, *luisant*.

18 La phrase complexe

Qu'avez-vous retenu ?

1 Rappels : reliez chaque notion à sa définition.

Proposition ●	○ Phrase constituée d'une seule proposition
Phrase simple ●	○ Partie de phrase cohérente organisée autour d'un verbe conjugué
Phrase complexe ●	○ Phrase constituée de plusieurs propositions

2 a. Cherchez dans le dictionnaire le sens de *principal* et du verbe *subordonner* : au collège, que sont le principal et ses subordonnés ?

Principal : ....

....

Subordonner : ....

....

....

b. À l'oral, expliquez pourquoi l'on peut parler de *proposition principale* et de *proposition subordonnée*.

3 Complétez :

a. Une **proposition principale** ne peut pas exister seule : elle est toujours complétée par une ....

b. Une **proposition subordonnée** sert à compléter la ....
Elle est introduite par une .... ou un ....

c. Quand deux propositions peuvent exister l'une sans l'autre, on dit qu'elles sont .... Elles sont alors **coordonnées**, c'est-à-dire reliées par une ...., ou **juxtaposées**, c'est-à-dire séparées par un ....

4 Les mots pour relier les propositions.

a. Donnez neuf **pronoms relatifs** :

....

....

b. Donnez neuf **conjonctions de subordination** :

....

....

c. Donnez la liste des **conjonctions de coordination** :

....

Mon score sur TDLab

.... %

Acquérir des automatismes

1 Vrai ou faux ?

1. Une phrase est toujours constituée d'une seule proposition. Vrai / Faux
2. Une phrase est constituée d'une ou plusieurs propositions. Vrai / Faux
3. Pour trouver le nombre de propositions d'une phrase, il faut compter le nombre de verbes conjugués. Vrai / Faux
4. Une proposition subordonnée est introduite par un mot subordonnant. Vrai / Faux
5. Une proposition subordonnée peut être employée seule. Vrai / Faux
6. Une proposition indépendante est introduite par un mot subordonnant. Vrai / Faux

2 Les phrases suivantes sont-elles simples ou complexes ? À l'oral, justifiez votre réponse.

1. Eugénie n'a pas eu le temps de trier les photos. Simple / Complexe
2. Le malheur des uns fait rarement le bonheur des autres. Simple / Complexe
3. Le soleil illuminait la cour où jouaient les enfants. Simple / Complexe
4. Pressée par la foule, elle se retrouva malgré elle dans le magasin. Simple / Complexe
5. Je ne prendrai pas de gâteau parce que je n'ai plus faim. Simple / Complexe

3 Entourez les mots subordonnants introduisant les propositions subordonnées entre crochet.

1. Je vous apporte le livre [que vous m'avez demandé].
2. [Si vous avez très chaud], ne buvez pas de l'eau glacée.
3. Les hirondelles reviennent dans notre pays [dès qu'arrive le mois d'avril].
4. En hiver, [quand je pars pour l'école], il fait à peine jour.
5. [Alors que Sylvain veut jouer], Gaston souhaiterait travailler.
6. La personne [que vous demandez] n'habite plus ici.

4 Reliez les deux propositions indépendantes juxtaposées par la conjonction de coordination qui convient.

1. Tu peux jouer avec ce bibelot, tu dois faire attention à ne pas le casser.

....

2. Demain, nous irons nous promener, nous nous baignerons dans la rivière.

....

3. Les enfants, mettez vos manteaux : il fait froid.

....

4. Caïus a fait un caprice : il est puni.

....

5 Entourez les verbes conjugués, mettez entre crochets les propositions indépendantes et précisez si elles sont coordonnées (C) ou juxtaposées (J).

1. Il a pris sa tasse et il est parti. C / J
2. Tends l'oreille, écoute le doux murmure du vent. C / J

Période 3

3. Demain, la route est longue : nous partirons très tôt. ○ C ○ J
4. Demain, nous partirons très tôt car la route est longue. ○ C ○ J
5. Je te prête mon livre mais tu dois me le rendre. ○ C ○ J
6. La foule emplit la place, une sourde rumeur monte. ○ C ○ J

★★ Développer la réflexion

6 À l'aide des mots subordonnants en italique, formez des phrases composées d'une proposition principale et d'une proposition subordonnée.

Attention : l'ordre des mots peut changer !

1. (*pendant que*) Mon père prépare le dîner, je mets le couvert.
....
2. (*que*) J'ai fait un dessin, je l'ai affiché dans ma chambre.
....
3. (*puisque*) Il est trop tard pour aller au cinéma : la séance est déjà commencée.
....
4. (*qui*) J'ai vu un chat ; il était blessé à la patte.
....
5. (*parce que*) Elle va habiter quelques jours ici ; ses parents sont en voyage.
....

7 En rouge, entourez les verbes conjugués ; en vert, entourez les mots subordonnants et mettez entre crochets les propositions subordonnées.

1. Quand vous viendrez me voir, je vous montrerai ma terrasse.
2. Quand midi sonna, les ouvriers quittèrent le chantier qui devint silencieux.
3. Un proverbe affirme que les gourmandes creusent leur tombe avec leurs dents.
4. Il portait un costume râpé, des chaussures usées qui prenaient l'eau et un chapeau qui n'avait plus d'âge.
5. Notre cousine était une fillette charmante, qui était toujours de bonne humeur, si bien que tout le monde l'aimait.
6. On aperçut au loin une voiture qui cahotait sur un chemin que les pluies avaient raviné.
7. On doit ramoner les cheminées parce qu'elles se tapissent de suie et que celle-ci peut prendre feu.

8 a. **Entourez en rouge les verbes conjugués et repérez les propositions en les séparant avec une barre au crayon à papier.**
b. **En vert, encadrez les mots subordonnants et mettez entre crochets les propositions subordonnées.**
c. **Mettez entre crochets rouges la proposition principale et entre crochets noirs les propositions indépendantes.**

1. Le temps est plus doux et plus clément pendant la journée ; vers le soir il fait plus frais.
2. L'enfant s'approcha de la vitrine et regarda avec envie les jouets qui s'y trouvaient.

3. Assise sur sa petite chaise rouge, Fanchon boit avec précaution le chocolat qui fume car elle n'a pas envie de se brûler.

4. Le peuple reconduisait triomphalement le chevalier qui devenait ensuite roi du pays et qui épousait une belle dame. (d'après Flaubert)

9 Mêmes consignes.

« Je vois mon grand-père et ma grand-mère cheminant, chacun de son côté, vers une besogne ou une autre. C'est grand'maman qui faisait le pain et la cuisine ; elle filait, cousait, lavait et repassait avec une dextérité de fée.

Et il faut croire que mon grand-père n'était pas maladroit non plus, car pour fabriquer une échelle, réparer un objet, il ne s'adressait qu'à lui-même. »

D'après Edmond About, *Le Roman d'un brave homme*, 1880.

Enrichir l'écriture

10 Évitez la répétition en reliant les deux phrases par le mot subordonnant en italique.

1. (*que*) Je mange des prunes. Nous avons ramassé ces prunes dans le verger.
....
2. (*qui*) Je lis un livre. Ce livre raconte les aventures d'un grand chevalier.
....
3. (*à qui*) Voici une charmante personne. On peut faire toute confiance à cette personne.
....
4. (*à cause duquel*) Il y a eu un malentendu. Ils étaient prêts à se battre à cause de ce malentendu.
....
5. (*avec laquelle*) Mariette est une amie. J'aime beaucoup passer du temps avec cette amie.
....

11 a. Entourez les verbes conjugués en rouge, en vert les mots subordonnants et mettez entre crochets verts les propositions subordonnées : que constatez-vous ?

1. L'alouette que nous avons aperçue. **2.** Parce qu'elle était en danger. **3.** Le chevalier dont tout le monde parle. **4.** L'homme qui est venu. **5.** Après qu'il a vaincu le Morholt. **6.** Dès qu'ils furent en route. **7.** Le roi pour lequel ils se battent.

b. Dans votre cahier, corrigez les phrases.

12 Complétez les phrases par une autre proposition selon l'indication entre parenthèses.

1. (*coordination*) L'enfant avait très peur. ....
2. (*juxtaposition*) Le soleil se levait à peine. ....
3. (*subordination*) La jeune fille se couvrit chaudement. ....
4. (*coordination*) Il revêtit son armure, ceignit son épée. ....

Période 3

19 Le futur simple et le futur antérieur

Qu'avez-vous retenu ?

1 **a. Le radical du futur est en général** .... du verbe.

b. Attention aux verbes en *-re* : il faut ....

2 **a. Conjuguez le verbe *avoir* au présent aux personnes suivantes :**

j'............... tu .... il .... ils ....

b. Indiquez les marques de personne du futur aux personnes suivantes :

j' : .... tu : .... il : .... ils : ....

c. Que constatez-vous ?

....

d. Au singulier, ces marques de personne sont les mêmes au .... **des verbes en *-er* : ne confondez pas ces deux temps.**

2 **Pour chacun des verbes suivants, rappelez la règle à respecter pour former le futur et donnez un exemple.**

Verbes en...	Règle	Exemples
-éer, -uer, -ier	....	....
-érer, -éder...	....	....
-yer	....	....
Appeler, jeter	....	....

3 **Conjuguez les verbes suivants au futur, à la troisième personne du singulier.**

être : ....

avoir : ....

faire : ....

aller : ....

voir : ....

pouvoir : ....

mourir : ....

savoir : ....

tenir : ....

courir : ....

vouloir : ....

acquérir : ....

4 **Pour conjuguer un verbe au futur antérieur, on conjugue l'auxiliaire *être* ou *avoir* au** .... **et on ajoute le** ....**.**

5 **Donnez deux exemples de verbes conjugués au futur antérieur, l'un avec l'auxiliaire *être*, l'autre avec l'auxiliaire *avoir*.**

....

Mon score sur TDLab

.... %

★ Acquérir des automatismes

1 Donnez l'infinitif et la personne de ces verbes conjugués au futur simple.

aurai .... voudrai ....
sauras .... courront ....
serez .... irez ....
acquerront .... créera ....
pourras .... verrons ....

2 Surlignez seulement les verbes conjugués au futur simple.

Vous mourez – tu verrais – il donnera – il digéra – ils finirent – tu serras – il dormirait – je jouai – je crierai – il appellerait – nous donnerions – il barra – tu nettoieras – j'emploierai – je cirai – tu dirais – il courra.

Orthographe

3 Entourez la bonne orthographe du verbe au futur simple.

1. Je ne *viendrai / viendrais* pas. **2.** Il *jetera / jettera* cette lettre sans la lire. **3.** Nous ne *céderons / cèderont* pas. **4.** Il n'*ira / irra* pas plus loin, il ne le *poura / pourra* pas. **5.** Nous *fairons / ferons* une grande fête pour son retour. **6.** Il *crira / criera* mais on ne l'*entendra / entendrat* pas. **7.** Nous t'*acheterons / achèterons* un maillot sur place. **8.** Nous *rendront / rendrons*-ils visite cet été ? **9.** Je me demande s'il *sera / serra* capable de grimper en haut de cet arbre. **10.** Ne t'inquiète pas, je *saurai / serai* parfaitement mon rôle.

Orthographe

4 Dans les phrases, soulignez le sujet du verbe puis conjuguez ce verbe au futur simple.

1. Je ne (*comprendre*) .... jamais son comportement. **2.** Julie et toi (*partir*) .... un peu plus tôt. **3.** Cet été (*pousser*) .... dans notre jardin toutes les plantes dont nous (*avoir*) .... besoin. **4.** Je vous (*acheter*) .... votre livre demain. **5.** Nous ne savons pas encore quelle note nous (*attribuer*) .... les juges. **6.** (*savoir*) ....-tu te montrer patient ? **7.** Je ne vous (*jeter*) .... jamais dehors !

5 Conjuguez les verbes entre parenthèses au futur antérieur.

1. Nous pourrons vous accueillir quand nous (*achever*) .... les travaux.
2. Jules et Marc (*rentrer*) .... avant minuit.
3. Nous sortirons dès que la pluie (*s'arrêter*) ....
4. Vous vous sentirez mieux dès que vous (*prendre*) .... votre médicament.
5. Quand Marie entrera au lycée, j'(*commencer*) .... mes études.

★★ Développer la réflexion

Distinguez bien le radical de la terminaison.

6 Indiquez l'infinitif et le temps des verbes suivants, puis transposez-les au futur simple.

1. Je sue : ....
2. Ils ont su : ....
3. Vous narriez : ....
4. Nous eûmes : ....

5. Je prie : ....

6. Il prit : ....

7. J'avais essuyé : ....

8. Nous nous écriions : ....

9. Tu vas : ....

10. Vous vous noyiez : ....

11. Ils envoient : ....

12. Vous fûtes : ....

13. Nous fîmes : ....

7 Conjuguez au futur simple, puis au futur antérieur.

1. Ils (*appeler*) : ....
2. Je (*s'écrier*) : ....
3. Nous (*attendre, voix passive*) : ....
....
4. Vous (*faire*) : ....
5. Il (*mourir*) : ....
6. Elles (*mettre, voix passive*) : ....
7. Tu (*envoyer*) : ....
8. Nous (*s'ennuyer*) : ....
9. Vous (*projeter*) : ....

Cherchez bien qui fait l'action.

8 Surlignez d'une couleur les verbes au futur simple de la voix passive et d'une autre couleur ceux au futur antérieur de la voix active.

Elle aura approché – nous serons attrapés – vous serez revenus – ils auront été – tu seras surpris – je serai enfermé – il sera devenu – on sera parvenu – vous serez retenus.

9 Dans le texte suivant, relevez les verbes conjugués et indiquez leur temps.

« À huit ans, j'avais déjà rencontré deux fois des sorcières. La première fois, je m'en étais tiré sain et sauf. J'eus moins de chance la deuxième fois. Lorsque vous lirez ce qui m'arriva, vous pousserez, sans doute, des cris d'effroi. Grand-mère était norvégienne, et les Norvégiens connaissent bien les sorcières. Avec ses sombres forêts et ses montagnes enneigées, la Norvège est le pays natal des premières sorcières. Mes parents étaient également norvégiens, mais comme mon père travaillait en Angleterre, c'est là que je suis né et que je suis allé à l'école pour la première fois. »

Roald Dahl, *Sacrées sorcières*, trad. M.-R. Farré, © Éditions Gallimard Jeunesse, 1984

....
....
....
....
....

10 Conjuguez au futur simple ou au futur antérieur, en tenant compte de l'ordre des actions.

1. Vous (*pouvoir*) .... aller lui parler dès qu'il (*se lever*) ....
2. La restauration du château (*achever, voix passive*) .... dès que les artisans (*terminer*) .... la rénovation du toit.
3. Nous (*partir*) .... après que le brouillard (*se dissiper*) ....
4. On (*nettoyer*) .... les draps quand le reste du linge (*sécher*) ....
5. Quand ils (*comprendre*) .... que nous connaissons la formule, ils nous (*supplier*) .... de les aider.

★★★ **Enrichir l'écriture**

11 Recopiez les phrases suivantes en remplaçant le futur périphrastique (*aller* + infinitif), familier, par le futur simple, plus soutenu.

1. Je vais la voir demain. ....
2. Il va faire des efforts et va savoir son rôle. ....
3. N'allez-vous pas être en retard ? ....
4. Je vais aller à la poste et je vais envoyer ta lettre. ....
5. Nous allons acheter ce hangar, créer notre entreprise et devenir riches. ....

12 Recopiez le texte suivant en mettant au futur simple les verbes non soulignés et au futur antérieur les verbes soulignés.

Si tu t'empares des pommes d'or, tu (*acquérir*) .... fortune et renommée. Mais pour réussir, tu (*devoir*).................... respecter mes instructions à la lettre, car une fois que tu (*partir*) ...., je ne (*pouvoir*) .... plus t'aider. Tu (*revêtir*) .... des habits de vagabond et (*s'appuyer*) .... sur le bâton que voici. Lorsque tu (*franchir*) .... les montagnes de l'Orage, tu (*voir*) .... devant toi une large rivière. Trois jeunes filles y (*jouer*) .... près d'une barque. Dès qu'elles t'(*apercevoir*) ...., elles te (*faire*) .... mille cajoleries et t'(*inviter*) .... dans leur barque ; elles (*savoir*) .... trouver des paroles convaincantes. Mais tu (*refuser*) .... d'y monter tant qu'elles (*ne pas s'y asseoir*) .... elles-mêmes. Si tu montes le premier, tu (*être*) .... en leur pouvoir, elles te (*jeter*) .... à l'eau, tu (*se noyer*) .... et tu (*mourir*) .... Je t'(*avertir*) t'.....................

13 La Sibylle donne des conseils à Énée qui doit se rendre aux Enfers. Elle lui indique comment trouver l'entrée de ce monde souterrain, comment convaincre Charon de le laisser passer, comment vaincre le redoutable Cerbère... Rédigez son discours en employant principalement le futur simple et le futur antérieur.

20 Les expansions du nom

Qu'avez-vous retenu ?

1 Complétez le nom *table*, afin de dire :

a. à qui elle appartient : .... ;

b. en quelle matière elle est faite : .... ;

c. à quoi elle sert : ....

2 Quelle est la nature du mot qui introduit votre complément ? ....

3 Quelle est la fonction exacte des groupes que vous avez ajoutés au nom *table*.

....

4 Expliquez pourquoi les articles définis contractés *au*, *aux*, *du*, *des* peuvent introduire un complément du nom.

....

5 a. **Surlignez les groupes nominaux.**

b. **Soulignez les adjectifs qualificatifs ou participes passés employés comme adjectifs.**

c. **Faites une croix sous les noms qualifiés par ces adjectifs.**

Un grand chêne offre son ombre fraîche aux promeneurs fatigués.

d. **Quelle est la fonction de ces adjectifs ?** ....

6 a. **Entourez les verbes conjugués de ces phrases.**

Le chêne **que** mon grand-père a planté a bien grandi.

La forêt **où** nous nous promenons est très sombre.

J'ai trouvé l'herbe médicinale **dont** tu m'avais parlé.

b. **Quelle est la nature des groupes soulignés ?** ....

c. **Quelle est la nature des mots en gras ?** ....

d. **À quoi servent ces groupes soulignés ?** ....

7 Pour conclure, on peut compléter un nom par :

a. un .... qui a pour fonction .... ;

b. un .... qui a pour fonction complément du nom ;

c. une .... qui a pour fonction ....

....

Mon score sur TDLab

.... %

Acquérir des automatismes

1 Surlignez les GN et soulignez le nom noyau.

1. Le trafic est important sur l'avenue des Champs-Élysées.
2. Je comprends la raison de votre absence mais je m'interroge sur le manque de motivation qui vous habite.
3. De joyeuses voix d'enfants s'élevaient de la cour de l'école.
4. La route que nous avons parcourue à vélo est sinueuse.
5. Nous avons marché dans un désert de sable où régnait le silence.

2 Soulignez les adjectifs épithètes et surlignez les noms qu'ils qualifient.

1. Un soleil brumeux, mais mordant pesait sur les crânes des passants.
2. Un vacarme assourdissant s'éleva des deux grandes tours de pierre.
3. La grosse cloche de la cathédrale tintait par grands coups distincts, bourdonnants et solennels.
4. En une minute, le ciel de Paris s'était couvert d'une épaisse fumée âcre et noire qui faisait tousser les badauds inquiets.
5. Les larges avenues s'emplirent de monde : les Parisiens pressés et fatigués s'arrêtèrent pour contempler ce terrible drame.

3 Surlignez les GN, faites une croix sous le nom noyau et soulignez le complément du nom.

1. Les yeux de mon frère s'éclairent lorsqu'il ouvre la boîte en carton qui contient ses nouveaux patins à glace.
2. Le charme de ce petit village isolé nous envahit et nous nous arrêtons sur un banc de pierre, à l'ombre d'un grand chêne.
3. Il attend l'arrivée du train depuis le début de la matinée et son visage en colère montre qu'il perd patience.
4. Nous avons trouvé, dans ce petit coin isolé du Berry, une grande douceur de vivre.
5. Les arbres de votre verger donnent beaucoup de fruits mais ceux du voisin semblent malades.

4 Soulignez les propositions subordonnées relatives qui complètent les mots en gras. Encadrez le pronom relatif qui l'introduit.

1. Camille emporta **une fronde** qu'elle avait fabriquée et dont elle se servait avec beaucoup d'habileté.
2. **Le voilier** que vous m'avez montré est **celui** sur lequel François Gabart a fait le tour du monde.
3. Il tenait au creux de ses mains **deux sardines** dorées dont le corps frétillait.
4. J'aime **ce théâtre** de province qui a conservé la mémoire **du temps** où se jouaient chaque dimanche des pièces du répertoire.
5. **Le cross** du collège auquel nous avons participé s'est déroulé dans le parc de la ville.

Développer la réflexion

5 Précisez la fonction exacte des groupes prépositionnels soulignés : COI, complément du nom (CDN), complément circonstanciel.

1. Mon oncle trouvait moyen d'apporter un souvenir à chacun .... et il n'oubliait la fête de personne ....
2. Jérôme fit les cent pas sur le parquet en chêne .... et entra en silence .... dans le bureau de son père ....
3. À la tombée de la nuit ...., la vieille dame posa ses aiguilles à tricoter .... et se dirigea à pas feutrés .... vers le corridor.
4. Ce coiffeur pour hommes .... a doublé sa clientèle depuis qu'il a réaménagé son salon pour accueillir .... les personnes à mobilité réduite ....
5. À tous ses amis réunis .... Pierre annonça son succès.
6. Au début des temps ...., la Terre était informe et vide.
7. René présenta sa nouvelle machine à pain .... à la foire aux innovations ....
8. Tom se laissa tomber dans l'herbe du haut de l'échelle ....
9. Tom se laissa tomber dans l'herbe du pré ....

Orthographe

6 Accordez les adjectifs épithètes et soulignez le nom avec lequel ils s'accordent.

1. Des falaises de craie (*escarpé*) escarpé.......... se dressaient tout le long du rivage.
2. Le chien avait des yeux (*noir*) .... et (*sanglant*) ...., des dents (*aigu*) .... et (*blanc*) ....
3. Les fillettes (*actif*) .... et (*joyeux*) .... réalisèrent des paquets aux couleurs (*chatoyant*) ...., (*entouré*) .... de rubans (*doré*) ....
4. La marchande (*chétif*) .... et (*courbé*) .... nous rendit la monnaie d'une main (*tremblant*) ....
5. Ils trouvèrent au fond du grenier un fauteuil et une table (*vermoulu*) .... ainsi qu'un (*vieux*) .... almanach aux pages (*déchiré*) ....
6. Sous les parasols et les auvents (*bariolé*) ...., les touristes recherchent une ombre (*frais*) ....

7 Relevez les expansions des noms en gras et précisez pour chacune s'il s'agit d'un adjectif épithète, d'un complément du nom ou d'une proposition subordonnée relative.

« Au-delà du **mur** végétal, il y avait un ample **espace** d'herbes rases. Sur le **seuil** de cette savane, un seul arbre s'élevait. Il n'était pas très haut mais de son **tronc** noueux et trapu, partaient, comme les **rayons** d'une roue, de longues, fortes et denses **branches**. Dans son ombre, un lion était couché sur le flanc, un lion dans toute la **force** terrible de l'espèce. Le flot de la crinière se répandait sur le **mufle** allongé contre le sol.

Et entre les **pattes** de devant, énormes, qui jouaient à sortir et à rentrer leurs griffes, je vis Patricia. »

D'après Joseph Kessel, *Le Lion*, © Éditions Gallimard, 1958

★★★

Enrichir l'écriture

De *lequel* se contracte en *duquel*.

8 Complétez les phrases suivantes par le pronom relatif qui convient. Soulignez la proposition subordonnée relative et surlignez le nom qu'elle complète.

1. Après le dîner, Alice alla s'asseoir près de sa sœur .... lui raconta l'histoire .... elle attendait avec tant d'impatience.
2. Le rocher .... vous avez sauté est très élevé et le canyon .... vous avez nagé semble très étroit.
3. Gauvain s'adressa aux deux demoiselles .... il avait croisées la veille au soir au détour d'un chemin .... il faisait paître son cheval.
4. La fontaine .... elles lui avaient parlé se trouvait à l'entrée du village.
5. Il y fit halte et y rencontra un mage .... la réputation était grande et .... se flattait d'avoir été l'élève de Merlin l'enchanteur.

9 Imaginez les expansions des noms suivants en respectant les précisions données entre parenthèses.

1. Robin entra dans le bois (*proposition subordonnée relative*) ....
2. La .... maison (*adjectif épithète + complément du nom*) .... était nichée au cœur d'un vallon verdoyant.
3. Me parvint du fond du couloir la voix (*adjectif épithète + complément du nom*) ....
4. Le cavalier surgit avec l'air (*adjectif épithète + complément du nom*) ....
5. Les pirates trouvèrent le trésor dans la grotte (*proposition subordonnée relative*) ....
6. L'enfant arriva au pied d'une montagne (*adjectif épithète + proposition subordonnée relative*) ....

10 Enrichissez la description suivante en complétant les noms soulignés par des expansions du nom variées.

Nous arrivâmes dans une clairière. Au centre, se trouvaient quelques pierres, avec une source. Un chêne, dominant tous les autres, épanouissait ses rameaux. C'est sous son ombre que nous nous arrêtâmes pour discuter. Nous commençâmes à élaborer un plan. Il était impensable que nous demeurions une nuit de plus dans cette forêt.

21 La proposition subordonnée relative

Qu'avez-vous retenu ?

1 **Une proposition subordonnée complète toujours une autre ....**

2 **La proposition subordonnée relative complète un .... ou un .... placé dans une autre proposition.**

3 **La proposition subordonnée relative est toujours introduite par un .... Les principaux pronoms relatifs sont :**

....

4 **Le pronom relatif remplace un .... qui est généralement placé juste avant la proposition subordonnée relative et qu'on appelle ....**

5 **Reliez le pronom relatif et la fonction qu'il peut tenir dans la proposition subordonnée relative.**

Pronom relatifs	Fonctions
Qui	COD ; attribut du sujet
Que	COI ; complément du nom
Dont	Complément circonstanciel de temps, de lieu
Où	Sujet

Mon score sur TDLab

.... %

6 **Les pronoms relatifs *lequel*, *laquelle*, *lesquels* sont généralement précédés d'une ....**

Acquérir des automatismes

1 **Entourez les verbes conjugués. Surlignez les pronoms relatifs. Soulignez les propositions subordonnées relatives qui complètent les mots en gras.**

1. Je viens de retrouver **l'écharpe** que tu m'as offerte.
2. Est-ce **vous** qui avez joué le rôle du médecin dans la pièce de Molière ?
3. **L'enfant** dont tu es le père s'appelle Rémi.
4. Robinson se plaisait dans **cette** petite **grotte** où il se réfugiait dès que le soleil frappait trop fort.
5. Elle s'empara de **la coupe** qu'on lui tendait et dans laquelle avait été versé le poison.
6. **Le manteau** dont Marie était couverte était usé jusqu'à la trame.
7. Les sept **jours** durant lesquels l'incendie se propagea furent très éprouvants pour les pompiers.
8. C'est à **moi** que vous devez remettre la lettre du roi, afin que je la porte à la Couronne d'Angleterre.

2 **Complétez les noms en gras par une proposition subordonnée relative que vous soulignerez.**

1. Le bruit du **vent** qui .... berçait les voyageurs assoupis.
2. L'**usine** où .... fabrique des moteurs de bateau.
3. Je ne crois pas un mot à l'**histoire** que ....
4. La **voiture** avec laquelle .... est une Porsche.
5. Je n'ai pas aimé le **film** dont ....

3 **Entourez les verbes conjugués, surlignez les pronoms relatifs, soulignez en rouge la proposition principale, en bleu la proposition subordonnée relative.**

1. L'air qu'il chantonnait était passé à la radio le matin même.
2. L'oncle à qui furent confiés les enfants vivait dans une grande demeure, à l'écart du village.
3. L'armoire où ils se cachaient était d'une profondeur inouïe.
4. Il croisa une dame richement vêtue et dont le traîneau était conduit par un nain.
5. Elle lui offrit une boîte en or qu'il s'empressa d'ouvrir et dans laquelle se trouvaient, bien alignés, de délicieux loukoums.
6. Pendant le repas, on passa en revue toutes les affaires qu'on devait emporter.

À lequel se contracte en *auquel*.

4 **Complétez les phrases suivantes par le bon pronom relatif. Veillez à l'accorder si nécessaire. Soulignez la proposition subordonnée relative.**

1. La montagne .... nous avons fait l'ascension se trouve dans le massif des Écrins.
2. La rivière ....'il veut remonter débouche dans une petite anse abritée.
3. Nous ferons sécher nos habits près du feu .... tu viens d'allumer.
4. Les branches .... j'étais enfoui me dissimulaient totalement.
5. L'Indien tenta de se libérer du poteau .... il était attaché.
6. Voilà le rocher .... se cachent les truites.
7. L'ami à .... Simon s'est confié ne l'a jamais trahi.
8. Voilà ce .... je suis capable.

★★ **Développer la réflexion**

5 **Complétez les phrases suivantes par le pronom relatif *lequel* en l'accordant convenablement avec son antécédent.**

1. Les bois dans .... ils se sont perdus semblent bien sombres.
2. Le chat .... Jules tenait tant n'est pas rentré.
3. La tour sur .... le veilleur monte la garde est exposée au vent du Nord.
4. Le voyageur reprend la route par .... il est venu.
5. Les ordres .... la servante se soumettait n'étaient pas toujours justes.
6. Les armes avec .... il se bat ont été forgées par Héphaïstos.

6 Entourez le verbe conjugué de la proposition subordonnée relative, puis donnez la fonction des pronoms relatifs à l'intérieur de cette proposition.

1. L'ami [**que** tu as croisé] t'a confié un secret. ....
2. La personne [**que** tu es devenue] n'est pas digne de tels honneurs. ....
3. Je cherche un livre [**qui** conviendrait aux goûts de mon père]. ....
4. La fenêtre [**dont** nous avons repeint le montant] donne sur le jardin. ....
5. La fille [**dont** tu me parles] est ma voisine. ....
6. J'ai réservé l'hôtel [**où** nous passerons nos vacances]. ....
7. Les indices [**auxquels** tu penses] vont nous permettre de résoudre l'énigme. ....

7 Précisez la fonction du pronom relatif *lequel*.

1. Le tunnel [par lequel il s'est faufilé] est très étroit. ....
2. Le livre [auquel je pense] n'est plus édité. ....
3. Le chien [auquel j'avais jeté un os] me regardait d'un air suppliant. ....
4. L'arbre [auprès duquel tu aimes te reposer] est un chêne. ....
5. Nous sommes montées en haut d'une tour [depuis laquelle nous pouvions contempler toute la ville]. ....
6. À l'époque [à laquelle elle vivait], il n'y avait pas d'électricité. ....

8 Soulignez l'antécédent du pronom relatif *qui* et conjuguez le verbe au temps voulu.

1. C'est moi qui (*vouloir, passé composé*) .... vous revoir.
2. L'entraîneur avait remis une médaille à toutes celles qui (*arriver, plus-que-parfait*) .... au bout du parcours.
3. C'est toi qui (*aller, futur*) .... au puits chercher de l'eau.
4. Voici les personnes qui vous (*confier, passé composé*) .... les clés du coffre.
5. N'est-ce pas vous qui (*étudier, passé composé*) .... la civilisation inca ?
6. C'est moi qui (*être, présent*) .... puni alors que c'est toi qui (*renverser, passé composé*) .... le vase.
7. C'est qui vous qui (*avoir, imparfait*) .... raison.

9 Indiquez la fonction du pronom relatif *que*, soulignez son antécédent et écrivez correctement la terminaison des participes passés.

1. Voici la bague qu'il a offert....... à sa fiancée. ....
2. Cécile a perdu les clés que tu lui avais confié.......... ....
3. La soupe que ton père a préparé........ est délicieuse. ....
4. Je revois les chemins sableux que nous avons emprunté........ jusqu'à l'étang. ....
5. Racontez-nous l'histoire que vous avez entendu....... hier au marché. ....
6. Les chats que tu as gardé........ sont ceux d'Annabelle. ....

10 Surlignez *que* lorsqu'il est pronom relatif. Faites une croix sous son antécédent.

1. L'avion que je dois prendre est déjà sorti du hangar.
2. Elle redoute que son enfant ne prenne froid.
3. Cet élève ne prend la parole que très rarement mais toujours de manière appropriée.
4. L'argent que j'ai reçu à Noël servira à financer mon voyage.
5. Je devinai, à son air attristé, qu'elle venait de vivre un moment difficile.
6. Que désirez-vous ?
7. Le masque qu'elle porte vient de Venise.

Que peut être une conjonction de subordination, un mot interrogatif, une restriction dans *ne… que*.

★★★

Enrichir l'écriture

11 Évitez les répétitions en reliant les deux phrases par un pronom relatif.

1. Le docteur s'installa dans un fiacre. Cinq voyageurs s'entassaient déjà dans le fiacre.

   ……………………………………………………………………

2. Les juges ont félicité Miss Marple pour son courage. Elle avait fait preuve de beaucoup de courage dans cette affaire.

   ……………………………………………………………………

   ……………………………………………………………………

3. Ses revenus diminuaient. Ses revenus ne lui permettaient plus de mener la grande vie.

   ……………………………………………………………………

   ……………………………………………………………………

4. Claire s'approcha de la cheminée. Sur la cheminée était posée la pendule de bronze.

   ……………………………………………………………………

5. Elle entra dans une chambre confortable. Cette chambre était décorée avec goût.

   ……………………………………………………………………

6. Elle bavarda longtemps avec le juge. Elle demanda au juge qui était le coupable.

   ……………………………………………………………………

   ……………………………………………………………………

7. L'avocat avait très bonne réputation. On avait parlé à Georges de cet avocat.

   ……………………………………………………………………

12 Imaginez la proposition principale des phrases suivantes. Mettez la proposition subordonnée relative entre crochets.

1. …………………… qu'il a taillé ……………………………….
2. …………………………… avec lequel il doit terminer la réparation de son vélo.
3. ………………………………… avec qui nous sommes partis en vacances.
4. ……………… dont Damien est l'élève ……………………………….
5. …………………… avec lesquels nous nous entraînons ………………….

22 Le mode conditionnel

Qu'avez-vous retenu ?

1 Le conditionnel est un mode verbal. Cochez la meilleure définition de *mode*.

- ☐ C'est la fonction du verbe.
- ☐ C'est une manière d'utiliser le verbe, pour exprimer différentes nuances.
- ☐ C'est le temps du verbe.

2 Retrouvez les différents modes que vous avez étudiés à partir de leur emploi.

a. Mode qui exprime un ordre, un conseil ou une interdiction : ....

b. Mode qui indique qu'une action est certaine et qui la situe dans le temps avec précision : ....

c. Mode qui indique qu'une action n'est pas certaine, qu'il s'agit seulement d'un souhait ou d'une action soumise à condition : ....

3 Complétez les phrases suivantes.

a. Le radical du conditionnel est le même que celui du ....

b. Les terminaisons sont celles de ....

c. Rappelez ces terminaisons : ....

d. Le .... conditionnel est formé de deux .... : un temps simple, le ...., et un temps composé, le ....

4 Conjuguez les verbes suivants au conditionnel, à la 3e personne du singulier.

être :	avoir :	faire : ....
aller :	venir :	pouvoir : ....
mourir :	voir :	savoir : ....

5 Le passé du conditionnel est formé de l'auxiliaire *être* ou *avoir* conjugué .... et du ....

Exemples : ....

6 Vrai ou faux ? Le conditionnel peut exprimer…

a. L'ordre ou l'interdiction	○ Vrai	○ Faux
b. Le conseil	○ Vrai	○ Faux
c. La certitude	○ Vrai	○ Faux
d. Le souhait	○ Vrai	○ Faux
e. Le futur dans le passé	○ Vrai	○ Faux
f. Une action introduite par *si*	○ Vrai	○ Faux
g. Une action soumise à condition	○ Vrai	○ Faux

Mon score sur TDLab

.... %

Acquérir des automatismes

1 Dans le texte suivant, surlignez les verbes au conditionnel. À l'oral, précisez leur infinitif.

« Il y a tellement, tellement, tellement de choses que je voudrais, je ne sais pas si je pourrais te les dire. Ce sont des choses qui manquent beaucoup ici, les choses que j'aimais bien voir autrefois. L'herbe verte, les fleurs, et les oiseaux, les rivières. Si tu étais là, tu pourrais m'en parler, et je les verrais apparaître autour de moi, mais au lycée, il n'y a personne qui sache parler de ces choses-là. [...] Je ne vais plus du tout au lycée, maintenant, c'est décidé. Je n'irai plus jamais, même si on doit me mettre en prison. D'ailleurs, ce ne serait pas pire. »

Jean-Marie Gustave Le Clézio, « Lullaby », in *Mondo et autres histoires*, © Éditions Gallimard, 1972

2 Barrez les verbes qui ne sont pas au conditionnel présent.

Je ferai – nous assurions – ils deviendraient – il serait employé – vous accéléreriez – je donnais – nous connaîtrions – vous entriez – je serai accompagné – ils iraient.

3 Conjuguez les verbes au futur simple, puis au conditionnel présent, et enfin au conditionnel passé, à la personne indiquée.

1. Je (*être*) : ....
2. Tu (*avoir*) : ....
3. Nous (*faire*) : ....
4. Elles (*aller*) : ....
5. On (*prendre*) : ....
6. Vous (*essayer*) : ....
7. Je (*crier*) : ....
8. Il (*jeter*) : ....

4 Conjuguez le verbe entre parenthèses au conditionnel présent.

1. Si tu révisais plus régulièrement, tu (*savoir*) .... tes leçons.
2. Je pensais que Nathanaël (*courir*) .... dans notre équipe.
3. Si aucun accord n'était trouvé, nous (*rappeler*) .... nos ambassadeurs.
4. Vous (*s'ennuyer*) .... moins si vous participiez davantage.
5. Imagine, nous (*vivre*) .... sur une île, il (*faire*) .... toujours beau.
6. Ne vous cachez pas ici, vous (*découvrir, voix passive*) .... immédiatement.

5 Conjuguez le verbe entre parenthèses au conditionnel passé.

1. Si j'avais su, je (*ne pas venir*) ....
2. Si tu avais voulu, tu (*pouvoir*) .... réussir.
3. Une statuette de grande valeur (*trouver, voix passive*) ....
4. Nous poussâmes un soupir de soulagement en nous disant que, le lendemain, à cette heure, nous (*arriver*) .... à Blanport.

★★
Développer la réflexion

6 Conjuguez le verbe entre parenthèses au conditionnel présent ou passé, selon ce qui convient.

1. Si nous étions partis plus tôt, nous (*arriver*) .... à temps.
2. Je ne savais pas que tu (*voir*) .... Mathilde.
3. S'il n'avait pas vu ce médaillon, le comte (*ne jamais reconnaître*) .... sa fille.
4. Je rêve d'habiter à la campagne : j'(*avoir*) .... un grand jardin et je (*pouvoir*) .... même cultiver quelques légumes.
5. Nos amis nous promirent qu'ils (*continuer*) .... le travail.

7 Donnez l'infinitif, la voix, le mode et le temps des verbes suivants.

1. donnerions : ....
2. opérait : ....
3. serait parvenu : ....
4. serez délivrés : ....
5. crions : ....
6. seraient accompagnés : ....
7. préférait : ....
8. aurais décidé : ....
9. connaîtriez : ....
10. courraient : ....

Orthographe

Pour vous aider, mettez mentalement le verbe à la 3e personne du singulier.

8 Choisissez entre le futur simple et le conditionnel présent.

1. Si je le pouvais, j'*irai / irais* au restaurant, mais comme je n'en ai pas les moyens, je me *contenterai / contenterais* d'un pique-nique.
2. Je l'*aiderai / aiderais* bien volontiers, malheureusement, je *serai / serais* absent toute la semaine prochaine.
3. Je ne pensais pas que je *réussirai / réussirais* aussi facilement.
4. Je *participerai / participerais* à ce projet, mais je *préférerai / préférerais* m'occuper de la vente des billets.
5. Je ne savais pas que j'*aurai / aurais* aussi les petits à encadrer demain : je *verrai / verrais* avec Paul comment nous répartir les activités.

9 Recopiez les phrases suivantes en mettant au passé simple le verbe au présent et en faisant les changements nécessaires.

1. Ils affirment qu'ils pourront réaliser ce travail seuls.

....

2. Nous décidons que le prisonnier sera exécuté à l'aube.

....

3. Je me demande si je le reverrai avant son départ.

4. Jonathan se dit que les secours arriveront trop tard.

5. Il nous promet qu'il sera rentré avant huit heures.

6. Je fais le serment que je ne reviendrai que lorsque j'aurai trouvé un remède.

★★★

Enrichir l'écriture

10 En six à huit phrases, racontez ce que vous feriez si vous pouviez devenir invisible. Vous commencerez votre texte par : « Si je pouvais devenir invisible… »

11 Transposez ces phrases au conditionnel pour présenter les informations comme incertaines.

1. Un incendie s'est déclaré dans la flèche de la cathédrale Notre-Dame.
2. L'incendie a été causé par un mégot de cigarette.
3. Les policiers français font appel à leurs collègues britanniques pour enquêter sur des crimes en série.
4. Le prochain livre de George Martin sortira en 2059.
5. L'agent double arrêté au Yémen sait où se cache le chef Qixoa.

12 Formulez ces phrases de manière plus courtoise en utilisant le conditionnel.

1. En hiver, nous voulons disposer d'une salle chauffée pendant les récréations.
2. Vous devez essayer un traitement par les plantes.
3. Tu as intérêt à te coucher plus tôt.
4. Ne pouvez-vous pas nous aider ?
5. Avec ton aide, j'avancerai plus vite et je pourrai ensuite jouer avec toi.

23 Les compléments circonstanciels de cause, temps et but

Qu'avez-vous retenu ?

1 **À l'oral, expliquez ce qu'on appelle les circonstances d'un accident.**

2 **Quelles questions pouvez-vous poser pour vous informer sur ces circonstances ?**

....

3 **Reliez chaque question à la circonstance qu'elle permet de trouver. Attention, l'une de ces questions est à relier à deux circonstances.**

Où ? ○	○ Temps
Quand ? ○	○ Lieu
Comment ? ○	○ Manière
Pourquoi ? ○	○ Cause
	○ But

4 **Pour distinguer la cause et le but, on peut reformuler la question « Pourquoi ? » de façon plus précise :**

a. Si le complément répond à la question ...., c'est un complément circonstanciel de cause.

b. Si le complément répond à la question .... ou ...., c'est un complément circonstanciel de but.

5 **Complétez par *avant* ou *après*.**

a. La cause d'une action se produit .... cette action.

b. Le but d'une action se situe .... cette action.

6 **Un complément circonstanciel complète un ....**

7 **Entourez la bonne réponse.**

Complément circonstanciel est : une nature / une fonction.

8 **Rappel :** Un groupe prépositionnel est un groupe de .... introduit par une ....

9 **Cochez toutes les bonnes réponses.**

Un complément circonstanciel peut être :

- ○ Un groupe nominal
- ○ Un groupe prépositionnel
- ○ Une proposition subordonnée
- ○ Une préposition
- ○ Un adverbe
- ○ Un adjectif qualificatif

Mon score sur TDLab

.... %

Acquérir des automatismes

1 Complétez les phrases par un complément circonstanciel exprimant la circonstance précisée entre parenthèses.

1. (*lieu*) Pierre s'est habillé ....
2. (*temps*) Pierre s'est habillé ....
3. (*manière*) Pierre s'est habillé ....
4. (*but*) Pierre s'est habillé ....
5. (*cause*) Pierre s'est habillé ....

2 Parmi les groupes en gras, surlignez dans une couleur les compléments circonstanciels de cause et dans une autre les compléments circonstanciels de but.

1. Les randonneurs ont bâti un abri **afin de s'y réfugier la nuit**.
2. Les lycéens se sont réunis place de la Préfecture **pour exprimer leur mécontentement**.
3. **Puisque nous ne sommes pas pressés**, nous emprunterons les petites routes.
4. Les oiseaux, à cause de la disparition des insectes, meurent **de faim**.
5. Les élèves se rangèrent **de façon à laisser passer les visiteurs**.
6. **Par courtoisie**, Mathieu s'est retenu de répondre.

3 Parmi les groupes en gras, surlignez dans une couleur les compléments circonstanciels et dans une autre les compléments d'objet.

1. Nous avons découvert **la ville** avec plaisir et nous **y** reviendrons volontiers.
2. Léopold passait **ses journées** à ne rien faire **avec application**.
3. Il resta dehors **toute la journée** et ne rentra qu'**au coucher du soleil**.
4. Nous passerons **nos prochaines vacances au Brésil**.
5. **Lors de ses vacances**, Margot avait vécu d'**extraordinaires aventures**, et elle **y** pensait encore avec émotion.

4 Dans votre cahier, précisez la fonction exacte des compléments circonstanciels soulignés (sans oublier de préciser quel verbe ils complètent) et indiquez leur nature.

1. <u>Comme nous avons un rendez-vous à Paris lundi</u>, nous nous en irons <u>demain</u>.
2. <u>Afin d'apprécier le paysage</u>, Gabrielle roulait <u>lentement</u>.
3. Il a <u>déjà</u> été condamné <u>pour vol</u>.
4. Ils sont partis <u>rapidement</u> <u>parce qu'ils voulaient arriver tôt</u> <u>à Toulouse</u>.
5. <u>À l'heure convenue</u>, nos deux héros se rendirent <u>au lieu de rendez-vous</u> <u>pour procéder à l'échange</u>.
6. <u>Dès qu'il entendit l'alarme</u>, Sylvain s'enfuit <u>en courant</u>.
7. Nous avons enlevé des affaires <u>de la chambre</u> <u>pour que vous puissiez vous y installer confortablement</u>.

5 Relevez les compléments circonstanciels et précisez la circonstance exprimée.

« Lorsque les pirogues eurent disparu derrière les falaises, Robinson s'avança vers le bûcher. On y distinguait encore les restes de l'homme si cruellement sacrifié, parce qu'il avait été déclaré responsable de quelque calamité. »

D'après Michel Tournier, *Vendredi ou la Vie sauvage*, © Éditions Gallimard, 1971

Période 3

Développer la réflexion

6 Donnez la fonction des groupes soulignés.

« À la fin, Robinson n'en pouvait plus d'attendre en regardant l'horizon vide. Il décida d'entreprendre la construction d'un bateau pour rejoindre la côte du Chili. Pour cela, il lui fallait des outils. Il se résigna donc à visiter l'épave de *La Virginie* pour en rapporter tout ce qui lui serait utile. Il réunit avec des lianes une douzaine de rondins en une sorte de radeau. Une forte perche lui servit à faire avancer le radeau, car l'eau était peu profonde par marée basse jusqu'aux premiers rochers sur lesquels il put ensuite prendre appui. »

Michel Tournier, *Vendredi ou la Vie sauvage*, © Éditions Gallimard, 1971

7 a. Dans les phrases suivantes, entourez les verbes conjugués et mettez les différentes propositions entre crochets.

b. Dans votre cahier, donnez la nature et la fonction des groupes soulignés.

1. Vendredi était docile par reconnaissance. Il voulait faire plaisir à Robinson qui lui avait sauvé la vie.
2. Robinson se leva en soupirant et se dirigea vers la plage après avoir sifflé Tenn. Il ne comprit pas tout de suite le curieux travail auquel se livrait Vendredi.
3. Vendredi passait des journées entières dans le hamac de lianes tressées qu'il avait tendu entre deux palmiers au bord de la mer.
4. Robinson paraissait beaucoup plus jeune, presque le frère de Vendredi.

8 Dans les phrases suivantes, soulignez les propositions subordonnées conjonctives et précisez leur fonction.

1. Thomas s'activait afin que tout fût prêt à temps. ....
2. Lorsque la situation lui pesait, Zoé se répétait qu'elle avait déjà traversé des épreuves plus rudes. ....
3. Comme ils avaient du temps devant eux, ils décidèrent de visiter la ville. ....
4. Comme minuit sonnait, Carmen se souvint qu'elle avait promis de se rendre à ce dîner. ....
5. À mesure que le temps passait, Gisèle s'inquiétait, parce que Sébastien n'était toujours pas rentré. ....
6. Avant que l'automne n'arrive, les hommes rentrent les foins pour que les pluies ne gâtent pas les récoltes. ....

9 Transformez les phrases suivantes en phrases simples, en remplaçant les propositions subordonnées par un complément exprimant la même circonstance.

Exemple

Nous partirons quand le soleil se sera levé. → Nous partirons après le lever du soleil.

1. Les élèves n'ont rien osé dire parce qu'ils craignaient des représailles.
....
2. Quand ils virent ce spectacle, ils poussèrent un cri.
....

3. Nous ne resterons pas longtemps, parce que nous avons peur de vous déranger.

....

4. Léopold a eu une amende parce qu'il a commis un excès de vitesse.

....

5. Je me mettrai en route dès que la nuit sera tombée.

....

Enrichir l'écriture

10 Dans le texte suivant, surlignez tous les compléments circonstanciels de lieu, puis réemployez-les dans un texte de votre invention pour décrire le paysage que découvrent des explorateurs arrivés sur une nouvelle planète.

Robinson parvint enfin au sommet du massif et observa le paysage qui se déployait autour de lui. À ses pieds, la paroi rocheuse tombait à pic jusqu'à la plage. Celle-ci s'étendait à gauche et à droite en une mince bande de terre. À l'ouest, le sol devenait herbeux et des collines moutonnaient doucement jusqu'à une forêt. À l'est, il ne voyait que des amas de pierres, au milieu desquelles coulait une cascade, et qui rejoignaient la montagne derrière lui.

11 Dans le texte suivant, relevez tous les compléments circonstanciels de temps, puis réemployez-les pour écrire le début d'un récit d'aventures.

Cet été-là, il fit particulièrement chaud. Arthur et Noémi décidèrent d'aller chercher la fraîcheur en montagne. Un beau matin, ils se mirent en route et gagnèrent leur chalet savoyard. Mais aussitôt après leur arrivée, ils comprirent qu'il se passait quelque chose d'anormal : le village était désert, toutes les maisons semblaient abandonnées. Les deux amis erraient à la recherche d'une personne qui pût les renseigner quand soudain, un étrange grondement se fit entendre.

12 a. Complétez les phrases avec les mots suivants : *grâce à – à cause de – sous prétexte que – puisque – parce que… et que*.

1. .... l'intervention de cet homme, le bébé a pu être sauvé. **2.** .... il a mal à la jambe, il ne fait plus rien dans la maison. **3.** Nous sommes arrivés en retard ....une panne de voiture. **4.** Nous l'avons choisi pour nous représenter ....il se montre agréable avec tout le monde ....il s'exprime avec aisance. **5.** .... tu as terminé ton travail, tu peux commencer ta lecture.

b. À votre tour, employez ces expressions dans des phrases de votre invention.

13 Mêmes consignes avec les expressions : *à mesure que – à peine – désormais – une fois*.

1. .... nos héros eurent-ils atteint la rive que le pont s'écroulait derrière eux. **2.** .... les invités partis, le comte se rendit dans la prison du pauvre Guénolé. **3.** .... les heures passaient, les salles se vidaient. **4.** Les deux explorateurs se réjouirent de cette découverte : ...., leur vie sur cette île serait plus facile.

24 Le subjonctif

Qu'avez-vous retenu ?

1 **Quand on parle de *présent du subjonctif*, *présent* est le .... et *subjonctif* est le ....**

2 **Citez trois autres modes :** ....

3 **Rayez la mauvaise réponse :** Le subjonctif exprime une action : réalisée / non réalisée.

4 a. **Le .... du subjonctif est un temps simple. Le .... du subjonctif est un temps composé.**

b. **Les terminaisons du présent du subjonctif sont (sauf pour les auxiliaires) :** ....
....

5 **Conjuguez les verbes suivants au présent du subjonctif en soulignant la terminaison.**

	aimer	grandir	faire	croire
Il faut que	....	....	....	....
	....	....	....	....
	....	....	....	....
	....	....	....	....
	....	....	....	....
	....	....	....	....

6 **Attention, les auxiliaires ont des terminaisons différentes. Écrivez les formes qui n'ont pas la même terminaison que les autres verbes.**

Être : ....

Avoir : ....

7 **Au passé du subjonctif, le verbe est composé de l'.................................. conjugué au .... du subjonctif et du .... du verbe.**

8 **Conjuguez les verbes suivants au passé du subjonctif.**

Manger : Il faut que...
....

Venir : Il faut que...
....

9 **Vrai ou faux ? On trouve le subjonctif après :**

bien que : ○ Vrai ○ Faux ; pour que : ○ Vrai ○ Faux ; lorsque : ○ Vrai ○ Faux ; même si : ○ Vrai ○ Faux ; avant que : ○ Vrai ○ Faux ; je souhaite que : ○ Vrai ○ Faux ; je pense que : ○ Vrai ○ Faux ; afin que : ○ Vrai ○ Faux ; dès que : ○ Vrai ○ Faux.

Mon score sur TDLab
.... %

Acquérir des automatismes

1 Mettez les verbes au présent de l'indicatif, puis au présent du subjonctif.

1. Rougir : je ..../que je .... **2.** Pouvoir : tu ..../que tu .... **3.** Rire : il ..../qu'il ....**4.** Balayer : nous ..../que nous .... **5.** Peindre : vous ..../que vous .... **6.** Défaire : elles ..../qu'elles .... **7.** Croire : je ..../que je .... **8.** Retenir : il ..../qu'il .... **9.** Vouloir : il ..../qu'il .... **10.** Savoir : nous ..../que nous .... **11.** Dire : je ..../que je ....

2 Conjuguez les verbes suivants au présent du subjonctif, à la personne demandée.

Il faut que :

1. je (*savoir*) .... ma leçon.
2. tu (*courir*) .... vite.
3. il (*boire*) .... du lait.
4. nous (*gagner*) .... de l'argent.
5. vous (*balayer*) .... la cour.
6. ils (*faire*) .... du bricolage.
7. je (*prendre*) .... le train.
8. tu (*aller*) .... au marché.
9. il (*rougir*) .... de honte.
10. nous (*rejoindre*) .... notre cousin.
11. ils (*avoir*) .... de la chance.
12. je (*partir*) ....en voyage.
13. tu (*appuyer*) .... sur la sonnette.
14. il (*paraître*) .... désolé.
15. nous (*jouer*) .... un rôle.
16. vous (*fuir*) .... le danger.
17. ils (*être*) .... à l'aise.

3 Mettez les verbes au passé composé de l'indicatif, puis au passé du subjonctif.

1. Revenir : je ..../que je .... **2.** Dire : tu ..../que tu .... **3.** Se plaindre : il ..../qu'il se................................ **4.** Cueillir : nous ..../que nous .... **5.** Rester : vous ..../que vous .... **6.** Naître : ils ..../qu'ils ....

4 Conjuguez les verbes suivants au passé du subjonctif, à la personne demandée.

Il faut que : je (*lire*) .... ce roman avant le contrôle – tu (*ranger*) .... ta chambre avant ce soir – il (*reprendre*) .... son sac – nous (*copier*) .... la leçon – vous (*plaire*) .... plu au public – ils (*agrandir*) .... la pièce.

Elle souhaite que : je (*partir*) .... avant la nuit – tu (*naître*) .... avant la guerre – il (*descendre*) .... dans le jardin – nous (*rester*) .... tranquilles – vous (*se lever*) vous .... tôt – ils (*se dire*) .... la vérité.

5 Complétez les phrases suivantes en employant le subjonctif, présent ou passé.

1. Les médecins craignent que ....
2. Il est possible que ....
3. Mon ami a décidé d'utiliser sa bicyclette jusqu'à ce que ....
4. Pour peu que ...., nous n'aurons pas de pain ce midi.
5. Que .... ne dérange pas Laure.

Période 3

★★ **Développer la réflexion**

En cas de doute, remplacez le verbe par *faire*.

6 Soulignez en bleu les verbes au présent du subjonctif, en vert les verbes au passé du subjonctif. Attention, tous les verbes ne sont pas au subjonctif !

1. Bien que nous ayons minutieusement préparé notre voyage, les surprises ne manquent pas ! 2. Martin a bousculé son frère, mais je ne pense pas qu'il l'ait fait exprès. 3. Je veux que tu répondes. 4. Je sais que tu manges du pain le matin. 5. Je souhaite que nous mangions des huîtres au réveillon. 6. Sois sage pour que nous te récompensions ! 7. Sache que je ne veux pas que tu voies ce film. 8. Avant même que vous l'ayez demandé, un repas vous fut servi sur la table.

Orthographe

7 Rayez les mauvaises réponses.

1. Roger apporte ses lunettes à Monique pour qu'elle *voit / voie* mieux le paysage. 2 Le professeur de sport veut que nous courions / *courrions / courons* dix kilomètres afin que nous *allions / ayons* du souffle. 3. Que tu *vienes / viennes* me fera plaisir. 4. Ludovic *attribut / attribue* les rôles aux acteurs pour qu'ils *soyent / soient* prêts à débuter le travail. 5. Bien qu'il *craint / craigne / craingne* le loup, le petit chaperon rouge *parcoure / parcours / parcourt* la grande forêt.

8 Indiquez le temps et le mode (indicatif, subjonctif, impératif) des verbes soulignés.

1. Il faut que tu manges .... plus de légumes. 2. Nous finissions .... d'écrire lorsque le directeur entra. 3. Le professeur veille .... à ce que nous écrivions .... sans fautes. 4. Sois .... sage, chenapan ! 5. Je regrette .... que ce chenapan ne soit .... pas plus sage. 6. Quel dommage que ce sacripant n'ait pas été .... plus sage durant la visite de sa grand-mère ! 7. Sache .... que j'exige que tu m'écoutes .... 8. Tu ne m'écoutes pas .... ! 9. Vous épluchiez .... des légumes pour que nous dînions .... d'un bon potage de saison.

Orthographe

S'agit-il de *être* ou *avoir* ?

9 Complétez par : es, est ou ai, aie, aies, ait, aient.

1. Il .... vrai que j'ai apprécié ce concert. 2. Il faut que tu .... répondu à ta grand-mère avant qu'elle ne s'inquiète. 3. Tu n'............ pas le vainqueur de cette épreuve quoique tu .... déjà démontré tes talents. 4. Ne crois-tu pas que tu .... trop petit pour monter dans ce manège ? Il faut que tu .... la taille exigée. 5. J'............ pris peur parce que j'............ entendu un bruit étrange ; mais il n'............ pas certain qu'il .... existé ailleurs que dans mon imagination. 6. Je n'............ jamais douté que ces artistes .... du génie.

10 a. Recopiez les phrases en remplaçant le verbe souligné par celui entre parenthèses.

1. Je sais que tu as fait tes devoirs. (*vouloir*) ....

2. J'affirme qu'ils savent leurs leçons. (*ordonner*) ....

3. Je pense que tu vas dans la maison hantée. (*avoir peur*) ....

....

4. Je pense que Marius veut devenir architecte. (*ne pas penser*) ....

....

b. **Quel changement remarquez-vous ? Pourquoi ?**

....

11 Soulignez les verbes au subjonctif et indiquez si celui-ci exprime : l'ordre ; le souhait ; la supposition ; l'indignation.

1. Que la force soit avec vous ! ....
2. Qu'on me prenne pour un lâche, moi qui ai si souvent exposé ma vie ! ....
3. Qu'il neige et nous pourrons skier. ....
4. Qu'on amène les prisonniers devant le roi ! ....

Enrichir l'expression

12 Anatole et Garance font un gâteau, mais ils ont oublié la recette. Garance décide d'appeler son cousin Corentin qui lui donne les instructions qu'elle transmet à Anatole.

a. **Écrivez les répliques manquantes, soit prononcées par Corentin au téléphone, soit par Garance dans la cuisine.**

Ce que dit Corentin au téléphone :	Ce que dit Garance à Anatole :
« Qu'Anatole fasse fondre du beurre avec du chocolat. »	« Anatole, ... »
....	« Prends quatre œufs et sépare le blanc des jaunes. »
« Qu'il batte bien les blancs en neige. »	....
« Qu'il verse maintenant le sucre dans la pâte et qu'il y ajoute la farine. »	....
....	« Fais attention, ne va pas trop vite ! Incorpore les blancs à la pâte. »
« Qu'il garnisse de pâte un moule beurré. »	....
....	« Mets le moule dans le four pour trente minutes et sois prudent ! »

b. **Quel mode avez-vous employé dans la première colonne ?** ....
Dans la deuxième colonne ? ....

13 Le chef des services secrets envoie James Bond à l'opéra où il devra remettre une mallette secrète au chef d'orchestre, en échange d'une partition codée. Imaginez les paroles dites par le chef des services secrets : il emploiera l'impératif pour les ordres donnés directement à James Bond et le subjonctif pour ceux adressés au chef d'orchestre. Soulignez en vert les verbes au subjonctif, en bleu ceux à l'impératif.

14 Décrivez votre maison idéale, en employant le subjonctif.

Ma maison, je voudrais qu'elle…

25 Les propositions subordonnées conjonctives

Qu'avez-vous retenu ?

1 Rappels : complétez les phrases.

a. On appelle proposition une partie de phrase cohérente organisée autour d'un ....

b. Pour trouver le nombre de propositions d'une phrase, il suffit donc de compter le nombre de ....

c. Une proposition subordonnée dépend nécessairement d'une autre ...., en général la .... de la phrase.

2 Donnez neuf conjonctions de subordination.

....

....

3 Complétez.

La proposition subordonnée conjonctive complète généralement ....
Lorsqu'elle est introduite par la conjonction de subordination ...., elle exerce le plus souvent la fonction COD ou COI du verbe, parfois .... ou ....
Lorsqu'elle est introduite par une autre conjonction de subordination, elle exerce la fonction ....

4 Vrai ou faux ?

a. Une proposition subordonnée conjonctive peut être introduite par une conjonction de coordination. ○ Vrai ○ Faux

b. Une proposition subordonnée relative est toujours introduite par un pronom relatif. ○ Vrai ○ Faux

c. Une proposition subordonnée relative peut être introduite par une conjonction de subordination. ○ Vrai ○ Faux

d. Une proposition subordonnée conjonctive est parfois introduite par un pronom relatif. ○ Vrai ○ Faux

e. Une proposition subordonnée conjonctive est toujours introduite par une conjonction de subordination. ○ Vrai ○ Faux

f. Une proposition introduite par *que* est toujours une proposition subordonnée conjonctive. ○ Vrai ○ Faux

5 Reliez chaque début de phrase à sa ou ses suites.

Le pronom relatif ○	○ remplace un nom.
La proposition subordonnée relative ○	○ n'exerce aucune fonction.
La conjonction de subordination ○	○ complète un verbe.
La proposition subordonnée conjonctive ○	○ exerce une fonction dans la subordonnée.
	○ ne sert qu'à relier deux propositions.
	○ complète un nom.

Mon score sur TDLab
.... %

Acquérir des automatismes

1 Quelle circonstance les propositions subordonnées conjonctives entre crochets expriment-elles ?

1. [Dès que Jeannine veut travailler], son frère se met à faire du bruit. ....
2. Prends ton parapluie [parce qu'il va pleuvoir]. ....
3. Il accepta de m'aider [comme on accepte une corvée]. ....
4. Nous n'avons pas fait ramoner la cheminée, [si bien qu'elle est tapissée de suie]. ....
5. Il faudrait faire ramoner la cheminée, [parce qu'elle est tapissée de suie]. ....
6. [Quand vous me rendrez visite], je vous montrerai ma bibliothèque. ....
7. [Comme vous partez en voyage], n'oubliez pas de m'envoyer une carte postale. ....
8. [Tandis que le plombier travaillait], les enfants le regardaient attentivement. ....

2 Complétez chaque proposition principale par une proposition subordonnée introduite par la conjonction de subordination en italique.

1. Le silence se fit dans la salle *lorsque* ....
2. *Quand* ...., tout le monde éclata de rire.
3. *Si* ...., mes parents m'emmèneront au cirque.
4. J'aime les farces *à condition qu'* ....
5. *Comme* ...., nous ne sommes pas sortis.
6. Je n'ai pas fait mes devoirs *parce que* ....
7. Je croyais *que* ....

3 Soulignez le mot que complète la proposition subordonnée entre crochets et dites s'il s'agit d'une proposition subordonnée relative (PSR) ou d'une conjonctive (PSC).

1. Martine m'a apporté la table [dont elle m'avait parlé]. ....
2. Les hirondelles réapparaissent [dès que les beaux jours arrivent]. ....
3. [Puisque nous avons du temps], profitons-en pour faire toutes les corvées [qui sont en attente]. ....
4. En hiver, [quand je pars travailler], il fait à peine jour. ....
5. La vanité est un défaut [qui n'épargne pas grand monde]. ....
6. [Lorsque mon grand-père pêchait], il était très absorbé [si bien qu'il oubliait tout le reste]. ....
7. Nous sommes entrés dans un bois [où nous nous sommes égarés]. ....
8. [Quand j'étais enfant], j'avais un petit chien [que j'avais appelé Médor]. ....

4 Mettez entre crochets les propositions introduites par les conjonctions de subordination en gras et indiquez leur fonction.

1. Nous sommes déçus **parce que** tu as mal agi. ....
2. Magali devina aussitôt **que** ses amis se moquaient d'elle. ....
3. **Une fois que** j'eus terminé mon repas, je me remis au travail. ....
4. Mes parents m'ont bien expliqué, **afin que** je ne me trompe pas. ....

Période 3

5. L'important est **que** tu as essayé. ……………

6. **Que** tu échoues me paraît impossible. ……………

5 **Entourez en rouge les verbes, en vert les conjonctions de subordination et mettez les différentes propositions entre crochets.**

La classe n'était pas chauffée quand venait l'hiver. Notre maître prétendait qu'on n'y souffrait jamais du froid, parce qu'elle était toute petite et que nous y étions fort entassés. Lorsque le temps était trop rigoureux, il était pourtant obligé de nous permettre d'aller nous dégourdir un peu. Comme il fallait descendre deux marches et qu'on n'y voyait pas grand-chose, l'entreprise était périlleuse.

★★

Développer la réflexion

6 **Dites si les propositions subordonnées entre crochets sont des relatives (PSR) ou des conjonctives (PSC). À l'oral, justifiez votre réponse.**

1. Je vous apporte le renseignement [que vous m'avez demandé]. ……………
2. Nous espérons [que l'été sera ensoleillé]. ……………
3. Tu n'as jamais tenu la promesse [que tu m'avais faite]. ……………
4. Je m'étonne [que tu n'aies toujours pas compris]. ……………
5. La peine [que vous avez] me touche profondément. ……………
6. Quelle histoire ! imagines-tu [que je vais la croire] ? ……………

7 **Indiquez la nature et la fonction des propositions subordonnées entre crochets.**

1. [Comme la fenêtre de ma chambre était grande ouverte], les bruits de la rue m'ont réveillée. ……………
2. La pluie se mit à tomber [dès que le vent eut cessé]. ……………
3. Ne laisse pas là le livre [que tu viens de finir]. ……………
4. [Qu'elle ait réussi son concours] ne me surprend pas. ……………
5. Il héla un camarade, [lequel se retourna aussitôt]. ……………
6. Gabriel nous présenta enfin l'amie [dont il nous avait si souvent parlé]. ……………
7. Firmin astique la théière [pour qu'elle soit encore plus belle]. ……………
8. [Puisque vous me l'aviez demandé], je vous ai soutenu. ……………

8 **Entourez les verbes conjugués en rouge. Entourez en vert les conjonctions de subordination, en bleu les pronoms relatifs et mettez entre crochets de la même couleur les propositions subordonnées qu'ils introduisent.**

1. Un grand remue-ménage emplit de bruit la maison alors qu'elle ouvrait les yeux.
2. Si vous n'obéissez pas, je le saurai par votre grand frère que j'ai chargé de vous surveiller.
3. Quand il fut minuit, deux mignons petits lutins s'installèrent à la table du savetier et prirent en main tout le travail qui avait été préparé. (Grimm)
4. Souvent, je rêve que je suis sur un nuage d'où je peux apercevoir la Terre entière.

5. Comme nous ne voulions pas manquer notre train, le chauffeur de taxi a roulé très vite, si bien qu'il a eu une contravention.
6. Dépêche-toi de te préparer pour que nous puissions enfin nous mettre à table.

9 a. **En rouge, entourez les verbes et soulignez leur sujet.**
b. **En vert, entourez les conjonctions de subordination et mettez entre crochets les propositions subordonnées conjonctives.**
c. **En bleu, entourez les pronoms relatifs et mettez entre crochets les propositions subordonnées relatives.**
d. **Mettez entre crochets rouges les propositions principales.**

« La marche a quelque chose qui avive mes idées : je ne puis presque penser quand je reste en place. Il faut que mon corps soit en mouvement pour que mon esprit s'y mette. La vue de la campagne, la succession des aspects agréables, le grand air, le grand appétit, la bonne santé que je gagne en marchant, tout cela dégage mon âme, si bien que je pense plus librement. »

D'après Jean-Jacques Rousseau, *Les Confessions*, 1782

★★★

Enrichir l'écriture

10 Complétez les phrases par une proposition subordonnée conjonctive, en répondant à la question entre parenthèses.

1. Les passants éclataient de rire (*quand ?*) ....
2. Mon petit frère sauta de joie (*pourquoi ?*) ....
3. Guilhem ira à la fête (*à quelle condition ?*) ....
4. Il a travaillé sans relâche à sa fresque (*dans quel but ?*) ....

....

11 Allégez ces phrases en remplaçant les propositions subordonnées conjonctives par des groupes nominaux et les propositions subordonnées relatives par des adjectifs.

1. Nous attendons avec impatience que l'été revienne.

....

2. La mer déchaînée est un spectacle qu'on n'oublie pas.

....

3. Le ciel s'embrase quand le soleil se couche.

....

4. On est toujours ému quand un ami s'en va.

....

5. L'enfant qui obéit devient un citoyen qui respecte les lois.

....

6. Ils se réjouissaient que leur sœur ait réussi.

....

7. C'est un exercice que l'on peut tout à fait faire à condition de réfléchir un peu.

....

Fiche 1

Les mots variables

Rappel **Les mots variables** peuvent varier en **genre**, en **nombre** et parfois en **personne**.

1 Le nom

Le nom permet de nommer des personnes, des animaux, des choses, des idées.

Ex : un coiffeur/une coiffeuse ; un lion/une lionne ; une chaise/des chaises ; une vérité/des vérités...

Le **nom commun** désigne **des êtres ou des choses en général**.

Ex : une fillette, un héros, une ville, un pays, la mer...

Le **nom propre** désigne **des êtres ou des choses uniques** ; il commence par une **majuscule**.

Ex : Adèle, Lancelot, Lyon, la Chine, la Méditerranée...

2 Le déterminant

Le déterminant est **placé devant le nom** et en **indique le genre et le nombre**.

Ex : un ami, le collège, tes vêtements, cette commode...

3 Le pronom

Le pronom est un mot qui **désigne sans les nommer des personnes, des animaux, des choses, des idées.**

Il **remplace souvent un nom ou un groupe nominal** pour en **éviter la répétition.**

Il **varie en genre, en nombre et en personne.**

Ex : je, tu, elle, il, on, nous, vous, elles, ils ; celle-ci, celui-ci, ceux-ci ; le mien, les vôtres...

Tu parles de ton voyage avec tes amis. → Tu en parles avec eux.

4 L'adjectif qualificatif

L'adjectif qualificatif **apporte une précision sur un nom ou un pronom**. Il s'accorde **en genre** et **en nombre** avec le **nom** ou le **pronom** qu'il qualifie.

Ex : Elles semblent malades.

Jean portait une courte veste noire.

Satisfaite, Anaïs partit en chantant.

Remarque : les participes passés employés seuls fonctionnent comme des adjectifs qualificatifs.

Ex : des enfants effrayés, un homme vêtu de noir, une affaire conclue, une maison détruite...

5 Le verbe

Le verbe exprime **une action** ou **un état du sujet.**

Ex : courir, penser, lire... (*verbes d'action*)

être, paraître, sembler... (*verbes d'état*)

Le verbe **se conjugue** et porte les marques de **personnes**. Il **s'accorde** en genre et en nombre avec le **sujet**.

Ex : Quand pensez-vous arriver ?

Elle les regarde d'un mauvais œil.

Ève et sa sœur nous appellent.

Fiche 2
Sujet, verbe, proposition

1 La proposition

Un groupe de mots qui exprime une idée complète est une *proposition*.

Ex : [L'hiver est là] ; [le chat dort près du feu].

• Une phrase peut contenir **une seule proposition**. Ex : [Les oiseaux chantent].

C'est alors une phrase simple.

• Une phrase peut contenir **plusieurs propositions**. Ex : [Le vent hurle], [les nuages défilent dans le ciel].

C'est alors une phrase complexe.

Une phrase contient autant de propositions que de **verbes conjugués**.

2 Le sujet et le verbe, bases de la proposition

Le sujet de la proposition est généralement **ce dont on parle**.

La proposition permet de dire quelque chose sur ce sujet. Pour cela, il faut **au moins un verbe conjugué**.

Le verbe est donc le noyau de la proposition.

Le verbe dit généralement **ce que fait le sujet**. On parle alors de **verbe d'action**.

Ex : Le soleil brille.

Certains verbes permettent de dire **comment est le sujet**. Ce sont les **verbes d'état** : *être, paraître, sembler, devenir, rester, demeurer, avoir l'air, passer pour.*

On peut les remplacer par le verbe *être* : la phrase reste correcte.

Ex : Louis semble malade. → Louis est malade.

3 Le sujet du verbe

Pour trouver le sujet d'un verbe, on pose la question : « qu'est-ce qui + verbe ? » ou « qui est-ce qui + verbe ? »

Ex : Dans la cour se dresse un vieux chêne.

→ *Qu'est-ce qui se dresse dans la cour ?* « Un vieux chêne », *sujet du verbe* « se dresse ».

> Attention
> Plusieurs verbes peuvent avoir le même sujet. La plupart du temps, le sujet n'est alors pas répété.
> Ex : Pierre se réveille, se frotte les yeux et regarde autour de lui d'un air étonné.

Fiche 3
L'accord du verbe avec son sujet

1 Trouver le sujet du verbe

Le plus souvent, le sujet désigne la personne ou la chose qui fait **l'action exprimée par le verbe**.

Pour trouver le sujet d'un verbe, on pose la question **« qui est-ce qui + verbe ? »** ou **« qu'est-ce qui + verbe ? »**

Ex : Le professeur distribue les copies. → *Qui est-ce qui distribue les copies ? C'est le professeur.*

Les fleurs se fanent. → *Qu'est-ce qui se fane ? Ce sont les fleurs.*

Plusieurs verbes peuvent avoir le même sujet. La plupart du temps, le sujet n'est alors pas répété.

Ex : Les feuilles virevoltent, planent un instant puis tombent sur le sol.

2 Les marques de personne

On retrouve dans l'ensemble des conjugaisons françaises des marques de personne régulières.

– **Pour la plupart des verbes**, à presque tous les temps de l'indicatif : *-s*, *-s*, *-t*, *-ons*, *-ez*, *-ent*.

– **Pour le présent des verbes en** *-er* : *-e*, *-es*, *-e*, *-ons*, *-ez*, *-ent*.

– **Au futur de tous les verbes et au passé simple des verbes du 1er groupe**, on trouve au singulier les terminaisons : *-ai*, *-as*, *-a*.

Fiche 4 Temps simples et temps composés

• **Un verbe conjugué peut être à un temps simple ou à un temps composé.**

Aux **temps simples**, le verbe est constitué d'**un seul élément**.

Ex : il vole, nous arrivons

Il porte les marques de personne imposées par le sujet.

Aux **temps composés**, le verbe est constitué d'un **auxiliaire** (***être*** ou ***avoir***) et d'un **participe passé**.

Ex : j'ai couru, nous sommes arrivés

Le participe passé indique à quel verbe on a affaire et l'auxiliaire porte les marques de personne et de temps.

• Le **mode indicatif** comporte huit temps : **quatre temps simples** et **quatre temps composés**.

Temps simples	Temps composés
présent Ex : je chante, je viens	**passé composé** (auxiliaire au présent + participe passé) Ex : j'ai chanté, je suis venu(e)
imparfait Ex : je chantais, il venait	**plus-que-parfait** (auxiliaire à l'imparfait + participe passé) Ex : j'avais chanté ; elle, il était venu(e)
passé simple Ex : je chantai, elles vinrent	**passé antérieur** (auxiliaire au passé simple + participe passé) Ex : j'eus chanté ; elles, ils furent venu(e)s
futur simple Ex : je chanterai, ils viendront	**futur antérieur** (auxiliaire au futur simple + participe passé) Ex : j'aurai chanté ; elles, ils seront venu(e)s

Remarques :

Les temps composés sont souvent **en relation avec un temps simple** ; dans ce cas, on dit qu'ils expriment **l'antériorité** par rapport à ce temps simple.

Le participe passé employé seul joue le même rôle qu'un **adjectif**.

Ex : un homme fatigué

Le participe passé se forme différemment selon les verbes :

– **verbes en *-er*** (1er groupe) : terminaison en ***-é***. Ex : rêver → rêvé

– **verbes en *-ir/-issons*** (2e groupe) : terminaison en *-i*. Ex : finir → fini

– **autres verbes** (3e groupe) : terminaison en *-i*, *-is*, *-(i)t* ou *-u*.

Ex : prendre → pris ; peindre → peint ; vouloir → voulu

Astuces

• Pour savoir s'il y a un ***-s*** ou un ***-t* muet** à la fin du participe, mettez-le au féminin.

Ex : pris → prise ; peint → peinte.

• Pour ne pas confondre **le participe passé et l'infinitif des verbes en** *-er*, il suffit de le remplacer par un verbe du troisième groupe.

Ex : Il veut danser. → *Il veut partir (donc -er).*

Il a bien dansé. → *Il a bien vendu (donc -é).*

Fiche 5

Les accords dans le groupe nominal

Rappel **Un groupe nominal** est un groupe de mots dont le noyau (le mot principal) est un nom.
Le nom est généralement précédé d'**un déterminant** qui indique son **genre** et **nombre**.

1 Le féminin des noms et des adjectifs

En général, on forme le féminin des noms ou des adjectifs en leur ajoutant un ***-e***.

Ex : un élu/une élue ; un voisin/une voisine ; français/française

Les **noms** ou **adjectifs masculins** :

– en ***-on***, ***-(i)en***, ***-et***, ***-el***, ***-eil***, doublent leur consonne.

Ex : un patron/une patronne ; un criminel/une criminelle ; un cadet/une cadette

Exceptions *inquiet, discret, complet, secret, concret* ont un féminin en ***-ète***.

– en ***-er*** ont un féminin en ***-ère***.

Ex : le boulanger/la boulangère ; fier/fière

– en ***-eur*** ont généralement un féminin en ***-euse***.

– en ***-teur*** ont un féminin en ***-trice***.

Ex : un coiffeur/une coiffeuse ; un traducteur/une traductrice

Exceptions *majeur/majeure ; mineur/mineure ; supérieur/supérieure ; inférieur/inférieure*

– en ***-(e)ux*** ont un féminin en ***-(e)use***.

Ex : un époux/une épouse ; un garçon peureux/une fille peureuse

Exceptions *doux/douce ; roux/rousse ; faux/fausse*

– qui se terminent par ***-f*** ont un féminin en ***-ve***.

Ex : un veuf/une veuve ; un vélo neuf/une bicyclette neuve

– en ***-eau*** ont leur féminin en ***-elle***.

Ex : un nouveau/une nouvelle

Attention
Devant un nom commençant par une voyelle, les adjectifs en ***-eau*** et quelques autres font ***-el*** au masculin.
Ex : beau/bel/belle (une belle jeune fille, un bel enfant) ; fou/fol/folle (ce fol amour)

2 Le pluriel des noms et des adjectifs

En général, au pluriel, les noms prennent un ***-s***.

Ex : une main/des mains

Les **noms** ou **adjectifs** :

– **terminant par *-s*, *-x* ou *-z* sont invariables.**

Ex : un gaz/des gaz

– en ***-eu***, ***-au*** ou ***-eau*** prennent un ***-x*** au pluriel.

Ex : un dieu/des dieux ; un château/des châteaux

Exceptions *bleu, pneu, landau* et *sarrau* ont un pluriel en ***-s***.

– certains noms en ***-ou*** prennent aussi un ***-x*** au pluriel : *bijou, caillou, chou, genou, hibou, joujou, pou* → *des bijoux*.

– en ***-al*** font leur pluriel en ***-aux***. Ex : un journal/des journaux

Exceptions *bal, carnaval, festival, récital, régal* et *chacal*, ainsi que *bancal, banal, naval, natal, fatal, glacial* ont un pluriel en ***-s*** → *des carnavals*.

– certains noms en ***-ail*** ont aussi un pluriel en ***-aux*** : *vantail, bail, corail, émail, soupirail, travail, vitrail* → des coraux.

Fiche 6 Les mots invariables

Rappel **Les mots invariables** ne varient ni en genre ni en nombre : **leur orthographe ne change jamais.**

1 Les prépositions

Une préposition est un mot invariable qui **relie un mot à son complément**. Une préposition est donc toujours suivie d'un mot (nom, pronom ou verbe à l'infinitif) ou d'un groupe de mots.

Les principales prépositions sont : *à, dans, par, pour, en, vers, avec, de, sans, sous, sur, chez, avant, après, devant…*

Attention

- Les prépositions ***à*** et ***de*** « fusionnent » avec les articles définis ***le*** et ***les*** pour former les **articles contractés** : ***du*** *(de + le)*, ***des*** *(de + les)*, ***au*** *(à + le)*, ***aux*** *(à + les)*.
- Certaines prépositions sont composées de **plusieurs éléments** : *grâce à, jusqu'à, près de, au-dessus de, à côté de, près de…*

2 Les adverbes

Un adverbe est un mot invariable qui **modifie le sens** d'un verbe, d'un adjectif qualificatif, d'un autre adverbe ou d'une phrase.

L'**adverbe** peut exprimer :

– **le temps** : hier, aujourd'hui, puis, alors, ensuite, toujours, d'abord, avant…

– **le lieu** : ici, là-bas, loin, devant, derrière…

– **la manière** : de nombreux adverbes qui se terminent par le suffixe -***ment*** mais aussi bien, mal, vite, mieux…

– **le degré** : très, beaucoup, peu, assez, si, tellement, plus, moins…

– **la négation** : ne… pas, ne… jamais, ne… guère, ne… plus…

– **l'affirmation** ou **le doute** : oui, certainement, sûrement, probablement, peut-être…

Attention à l'orthographe de certains adverbes

– Les adjectifs en -***ant*** forment des adverbes en -***amment*** (Ex : méchant → méchamment).

– les adjectifs en -***ent*** forment des adverbes en -***emment*** (Ex : évident → évidemment).

3 Les conjonctions de coordination

Une conjonction de coordination est un mot qui sert à **relier deux mots ou groupes de mots de même nature**.

La liste des conjonctions de coordination est : *mais, ou, et, donc, or, ni, car.*

Ex : Veux-tu du thé **ou** du café ?

Il veut danser **et** chanter.

[Elle regarde un film] [**mais** cela l'ennuie].

4 Les conjonctions de subordination

Les conjonctions de subordination permettent de **relier deux propositions**.

Les principales conjonctions de subordination sont : *que, quand, comme, si, puisque, parce que, lorsque, afin que, si bien que, tandis que, alors que, même si…*

Ex : [Tu te reposes] [**parce que** tu es souffrant].

[Je pense] [**que** tu vas réussir].

Fiche 7 Le présent et le passé composé

1 Le présent

1er groupe (en -*er*)	Autres verbes (marques régulières de personne)
Je joue Tu joues Elle, Il joue Nous jouons Vous jouez Elles, Ils jouent	Je cours Tu cours Elle, Il court Nous courons Vous courez Elles, Ils courent

Attention
- **Appeler et jeter** doublent la consonne au singulier et à la troisième personne du pluriel : je jette, elle jette, nous jetons ; tu appelles, vous appelez.
- **Dans les verbes en -*yer***, le -*y* devient -*i* au singulier et à la troisième personne du pluriel : j'appuie, nous appuyons, ils appuient.
- **Vouloir et pouvoir** prennent un -*x* à la place du -*s* : je peux, tu veux.
- **Les verbes en -*dre*** (sauf les verbes en -*indre* et -*soudre*) gardent le -*d* du radical à toutes les personnes du singulier : je prends, tu prends, elle prend.
- Mais **les verbes en -*indre*** et en -***soudre*** perdent le -*d* à toutes les personnes : je peins, il peint, nous peignons ; je résous, elle résout, nous résolvons.
- **Dans les verbes en -*tir***, le -*t* disparaît du radical au singulier : je pars, tu pars, il part.

2 Le passé composé

Le **passé composé** se forme avec l'**auxiliaire *être*** ou ***avoir*** conjugué au **présent** et le **participe passé du verbe.**

Attention
Quand l'auxiliaire est *être*, le participe passé s'accorde en genre et en nombre avec le sujet.

Manger	Aller
J'ai mangé Tu as mangé Elle, Il a mangé Nous avons mangé Vous avez mangé Elles, Ils ont mangé	Je suis allé(e) Tu es allé(e) Elle, Il est allé(e) Nous sommes allé(e)s Vous êtes allé(e)s Elles, Ils sont allé(e)s

Fiche 8 Les fonctions autour du verbe

1 Le complément d'objet du verbe

Un verbe peut avoir un complément d'objet si on peut lui ajouter le mot « quelque chose » (ou « quelqu'un ») : manger quelque chose, prendre quelque chose, aimer quelqu'un, se souvenir de quelque chose…

Le complément d'objet, c'est cette chose ou cette personne dont on parle.

Ex : Marc enlève sa chemise.

→ *On dit* : enlever quelque chose ; *ici, cette chose est* « sa chemise ». « Sa chemise » *est COD du verbe* « enlever ».

2 Tous les verbes n'ont pas de complément d'objet

Ex : On ne peut pas dire *marcher* ~~quelque chose~~.

On appelle **verbes transitifs** les verbes qui peuvent avoir un complément d'objet.

Ex : montrer quelque chose, faire quelque chose...

On appelle **verbes intransitifs** les verbes qui ne peuvent pas avoir de complément d'objet.

Ex : éternuer ~~quelque chose~~, aller ~~quelque chose~~...

3 COD, COI, COS

• **Si le complément d'objet se construit directement après le verbe, c'est un complément d'objet direct (COD).**

Ex : attraper quelque chose (COD), vouloir quelque chose (COD)

• **Si le complément d'objet est introduit par une préposition (*à*, *de*...), c'est un complément d'objet indirect (COI).**

Ex : se souvenir [de] quelque chose (COI), répondre [à] quelqu'un (COI)

• **Certains verbes se construisent avec deux compléments d'objet.**

Ex : donner quelque chose (COD) + à quelqu'un (COI).

Dans ce cas-là, le COI est appelé **complément d'objet second** (COS).

4 Trouver le complément d'objet d'un verbe

Pour trouver le complément d'objet d'un verbe, on pose la question : « **sujet + verbe + (à/de) quoi ?** »

Ex : Marc enlève sa chemise.

→ *Marc enlève quoi ? Sa chemise* : « sa chemise » *est le COD du verbe* « enlever ».

Attention
• Cherchez toujours le sujet avant le COD.
• Les verbes d'état n'ont jamais de COD.

5 Les compléments circonstanciels

Les compléments circonstanciels précisent les **circonstances de l'action**. Ils répondent aux questions :
– « **où ?** » (complément circonstanciel de lieu) ;
– « **quand ?** » (complément circonstanciel de temps) ;
– « **comment ?** » (complément circonstanciel de manière) ;
– « **pourquoi ?** » (complément circonstanciel de cause).

Ex : Il est arrivé à Paris hier.

→ *Il est arrivé où ? à Paris* : « à Paris » *est le CCL du verbe* « arriver ».
Il est arrivé quand ? hier : « *hier* » est le *CCT du verbe* « arriver ».

Attention
Ne confondez pas COI et compléments circonstanciels : les COI ne répondent jamais aux questions « où ? », « quand ? », « comment ? », « pourquoi ? ».

Fiche 9 L'imparfait et le plus-que-parfait

1 L'imparfait

À l'imparfait de l'indicatif, tous les verbes prennent les terminaisons suivantes : *-ais*, *-ais*, *-ait*, *-ions*, *-iez*, *-aient*.

Marcher	
Je marchais Tu marchais Elle, Il marchait	Nous marchions Vous marchiez Elles, Ils marchaient

Attention
- Verbes en *-ier*, *-yer*, *-iller* : plier → nous pliions ; travailler → vous travailliez ; croire → nous croyions.
- Verbes en *-cer* et *-ger* : je mangeais, il déplaçait.
- Dans les verbes en *-guer*, le *-u* fait partie du radical : on le conserve à toutes les personnes.

Ex : conjuguer → elles conjuguaient

2 Le plus-que-parfait

Le plus-que-parfait est formé de l'**auxiliaire *être*** ou ***avoir*** **à l'imparfait** et du **participe passé du verbe**.

Quand l'auxiliaire est *être*, le participe passé s'accorde en genre et en nombre avec le sujet.

Aller		Aimer	
J'étais allé(e)	Nous étions allé(e)s	J'avais aimé	Nous avions aimé
Tu étais allé(e)	Vous étiez allé(e)s	Tu avais aimé	Vous aviez aimé
Elle était allée Il était allé	Elles étaient allées Ils étaient allés	Elle, Il avait aimé	Elles, Ils avaient aimé

Fiche 10 Les homophones verbaux en [é]

1 Chanter/chanté/chantait

Les verbes du 1er groupe posent un problème d'orthographe car ils se terminent par le son **[é]** à l'**infinitif**, au **participe passé** et à l'**imparfait**.

Astuces

Pour éviter de confondre ces terminaisons, on peut **remplacer** le verbe du 1er groupe par un verbe du 2e ou 3e groupe.

Ex : Nous passons notre temps à **chanter** → *nous passons notre temps à* ***dormir***.

2 Le verbe à l'infinitif

Dans une phrase, le verbe est à l'infinitif lorsqu'il est précédé d'une **préposition** ou lorsqu'il suit un **verbe conjugué**.

Ex : Il prend une copie pour **rédiger** son devoir. J'aimerais **jouer** du piano.

3 Le participe passé

Employé pour la conjugaison des temps composés, le **participe passé** est toujours précédé d'un **auxiliaire**.

Ex : Nous avons oublié notre sac. Nous étions arrivés à temps.

Employé comme adjectif, il qualifie un nom ou un pronom. Il a alors les mêmes fonctions que l'adjectif : épithète ou attribut du sujet.

Ex : Elle me tendit une petite boîte fermée. → *Épithète*

La boîte resta fermée. → *Attribut du sujet*

4 Le verbe conjugué

On entend le son [é] dans les terminaisons de l'**imparfait** (-*ais*, -*ait*, -*aient*), au **passé simple** à la **1re personne du singulier** (-*ai*), au **présent** à la **2e personne du pluriel** (-*ez*).

Ex : Il marchait vite.
J'entrai précipitamment.
Vous entrez.

Fiche 11

Les pronoms

Rappel Un pronom est un mot qui désigne **une personne ou une chose sans la nommer.**
Ex : Mes quatre frères sont partis. → Ils sont partis.

1 Les pronoms personnels

		Sujet	COD	COI	Après une préposition
Singulier	**1re pers.**	je	me	me	moi
	2e pers.	tu	te	te	toi
	3e pers.	elle, il	la, le	lui	elle, lui, soi
Pluriel	**1re pers.**	nous	nous	nous	nous
	2e pers.	vous	vous	vous	vous
	3e pers.	elles, ils	les	leur ***(invariable)***	elles, eux, soi

Ils varient selon leur **personne**, leur **genre**, leur **nombre**, leur **fonction**.

Ex : Je vois mes frères. (*COD*) → Je les vois. (*COD*)
Je parle à mes frères. (*COI*) → Je leur parle. (*COI*)

Remarques :

– *Y* et *en* sont des pronoms invariables qui ne peuvent pas désigner des personnes.
– *Y* remplace un groupe nominal introduit par la préposition **à**.
Ex : Je pense à cet incident.
→ J'y pense.
– *En* remplace un groupe nominal introduit par la préposition *de*.
Ex : Je me souviens de cet incident.
→ Je m'en souviens.

2 Les pronoms possessifs

Ils remplacent un nom précédé d'un déterminant possessif.

Ex : mon pain → **le mien** ; ses affaires → **les siennes** ; notre force → **la nôtre** ;
vos sentiments → **les vôtres** ; leurs amis → **les leurs**

3 Les pronoms démonstratifs

Ils remplacent généralement un nom précédé d'un déterminant démonstratif.

Ex : ce garçon-ci → **celui-ci**

	Masculin	Féminin	Neutre
Singulier	celui (-ci) (-là)	celle (-ci) (-là)	ce, c', ceci, cela, ça
Pluriel	ceux (-ci) (-là)	celles (-ci) (-là)	

Les **formes neutres** renvoient à des phrases, des idées.

Ex : Samuel s'est montré négligent. **Cela** me chagrine.

Fiche 12

L'accord du participe passé

1 Le participe passé

Il s'emploie pour la **conjugaison des temps composés**. Il est alors précédé d'un **auxiliaire**.

Ex : j'ai chanté, tu auras cru, elle était venue

Les verbes du 1er groupe ont un participe passé en *-é*. Ex : manger → mangé
Les verbes du 2e groupe ont un participe passé en *-i*. Ex : finir → fini
Les verbes du 3e groupe ont un participe passé en *-i*, *-is*, -(*i*)*t* ou *-u*.

Ex : connaître → connu ; prendre → pris ; dire → dit

Pour trouver la lettre muette du participe passé d'un verbe du 3e groupe, je le mets au **féminin**.

Ex : une rédaction bien écrite

2 Auxiliaire *être*

Le participe passé employé avec l'auxiliaire *être* s'accorde en genre et en nombre avec le sujet.

Ex : Ma voisine est arrivée en retard.
Mon voisin est arrivé en retard.

3 Auxiliaire *avoir*

Le participe passé employé avec l'auxiliaire *avoir* ne s'accorde jamais avec le sujet mais s'accorde avec le COD, lorsque celui-ci est placé devant le verbe.

Ex : Ma mère a posé la boîte.
Mon père a posé la boîte.
Cette boîte, tu l'as ouverte lentement.
(l' : COD)

4 Sans auxiliaire

Le participe passé employé seul joue le rôle d'adjectif et s'accorde en genre et en nombre avec le nom qu'il qualifie.

Ex : Elle entra dans une jolie chambre peinte en bleu.
→ « peinte » : *participe passé employé comme adjectif qui qualifie* « chambre ». *On peut dire :* « une chambre qui est peinte en bleu ».

5 Pour bien écrire le participe passé

1 Je vérifie s'il y a une consonne muette à la fin en le mettant au féminin.
Ex : j'ai compris
(une chose comprise)

→ **2** Je vérifie l'auxilaire.

→ **C'est être :**
J'accorde le participe passé avec le sujet.
Ex : elles sont arrivées

→ **C'est avoir :**
je n'accorde pas avec le sujet.
J'accorde avec le COD si celui-ci est placé avant le verbe.
Ex : La pâtisserie que j'ai choisie est délicieuse.

Fiche 13

Les déterminants

Rappel **Les déterminants** sont placés **devant un nom** et en indiquent le **genre** et le **nombre.**

1 Les articles

• **L'article défini (*le, la, les, l'*) désigne un élément déjà cité, ou connu.**

Ex : J'admire **la** forêt. (*On sait de quelle forêt il s'agit.*)

Les articles définis masculins se contractent lorsqu'ils sont précédés de certaines prépositions : ***au*** (*à* + *le*), ***aux*** (*à* + *les*), ***du*** (*de* + *le*), ***des*** (*de* + *les*).

Ex : Je vais à la piscine puis **au** cinéma.

• **L'article indéfini (*un, une, des*) désigne un élément qui n'est pas encore connu.**

Ex : J'admire **une** forêt. (*Une parmi d'autres.*)

Remarque : ***des*** devient ***de*** dans une phrase négative ou devant un adjectif.

Ex : J'ai **des** voisins charmants. →J'ai **de** charmants voisins. Je n'ai pas **de** voisins.

• **L'article partitif (*du, de la, de l'*) indique qu'il ne s'agit que d'une partie de la chose.**
On peut le remplacer par « un peu de ».

Ex : **du** poulet (*un peu de poulet*), **de l'**eau, **de la** farine

2 Les déterminants démonstratifs

Le déterminant démonstratif (*ce*, *cet*, *cette*, *ces*) sert à montrer un élément.

Ex : Admire **ce** bois, **cette** forêt, **ces** arbres.

Remarques :

– devant un mot masculin commençant par une voyelle ou un *-h* aspiré, on écrit ***cet*** au lieu de ***ce***.

Ex : Admire **cet** arbre.

– les déterminants démonstratifs peuvent être renforcés par les adverbes ***-ci*** et ***-là***.

Ex : ces jours-**ci**, en ce temps-**là**

3 Les déterminants possessifs

Le déterminant possessif est un déterminant qui indique **à qui appartient la chose ou l'être dont on parle.**

	Un seul possesseur	Plusieurs possesseurs
Singulier	mon, ton, son ma, ta, sa	notre, votre, leur
Pluriel	mes, tes, ses	nos, vos, leurs

Remarque : devant un nom féminin commençant par une voyelle ou un *-h* aspiré, on remplace ***ma***, ***ta***, ***sa*** par ***mon***, ***ton***, ***son***.

Ex : Cela attira **mon** attention.

4 Les déterminants interrogatifs et exclamatifs

On les trouve dans des phrases **interrogatives** ou **exclamatives** (***quel, quels, quelle, quelles***).

Ex : Quelle heure est-il ?
Quels grands animaux !

Fiche 14 La voix passive

1 Voix active et voix passive

Un verbe est à la **voix active** si son sujet est **actif**, c'est-à-dire **s'il fait l'action**.

Ex : Jules construit une tour en Lego.

Un verbe est à la **voix passive** si son sujet est **passif**, c'est-à-dire **s'il ne fait pas l'action mais la subit**.

Ex : La tour Eiffel a été construite en 1889 par Gustave Eiffel.

À la voix passive, le **complément d'agent**, introduit par ***par*** ou ***de***, indique qui fait l'action exprimée par le verbe. Il n'est pas toujours exprimé.

Ex : Le jardin a été dévasté par la tempête. Ce château a été restauré.

> **Attention**
> Seuls les verbes transitifs peuvent être conjugués à la voix passive.

2 La conjugaison de la voix passive

À la voix passive, le verbe est formé de **l'auxiliaire *être*** suivi du participe passé **du verbe.**
C'est l'auxiliaire qui indique le temps du verbe à la voix passive.

Pour trouver le temps d'un verbe à la voix passive, **on regarde l'auxiliaire**.

Ex : L'imprimerie a été inventée par Gutenberg.

Auxiliaire au passé composé + participe passé → le verbe est au passé composé.

Pour conjuguer un verbe à un temps donné (par exemple, le présent) à la voix passive, **on conjugue l'auxiliaire *être* à ce temps** et **on ajoute le participe passé du verbe.**

3 Changer la voix du verbe

Quand on passe de la voix active à la voix passive, **le COD de la phrase active devient le sujet de la phrase passive**.

Ex : Voix active : Le chat (sujet) mange la souris (COD).

Voix passive : La souris (sujet) est mangée par le chat (complément d'agent introduit par « *par* » ou « *de* »).

Quand on passe de la voix passive à la voix active, **le complément d'agent de la phrase passive devient le sujet de la phrase active**.

Fiche 15 Le passé simple et le passé antérieur

1 Le passé simple

1er groupe	2e groupe	3e groupe		
		Verbes en *-ir(e)*, *-uire*, et la plupart des verbes en *-dre* ou *-tre*	Verbes en *-oir* ou *-re*	*Venir*, *tenir* et leurs composés
Passé simple en [*a*]	Passé simple en [*i*]	Passé simple en [*i*]	Passé simple en [*u*]	Passé simple en [*in*]
Jeter Je jetai Tu jetas Elle, Il jeta Nous jetâmes Vous jetâtes Elles, Ils jetèrent	**Finir** Je finis Tu finis Elle, Il finit Nous finîmes Vous finîtes Elles, Ils finirent	**Prendre** Je pris Tu pris Elle, Il prit Nous prîmes Vous prîtes Elles, Ils prirent	**Devoir** Je dus Tu dus Elle, Il dut Nous dûmes Vous dûtes Elles, Ils durent	**Prévenir** Je prévins Tu prévins Elle, Il prévint Nous prévînmes Vous prévîntes Elles, Ils prévinrent

Font aussi leur passé simple en [i] : les verbes en -*indre* (rejoindre → il rejoignit), ***faire*** (il fit), ***voir*** (elle vit), ***naître*** (il naquit), ***vaincre*** (elle vainquit), ***s'asseoir*** (il s'assit), ***acquérir*** (elle acquit).
Font aussi leur passé simple en [u] : ***être*** (il fut) et ***avoir*** (il eut), les verbes en -*soudre* (résoudre → il résolut), ***lire*** (il lut), ***vivre*** (il vécut), ***mourir*** (il mourut), ***connaître*** (il connut), ***apparaître*** (il apparut), ***plaire*** (il plut), ***se taire*** (il se tut).

2 Le passé antérieur

Le **passé antérieur** est formé de l'**auxiliaire *être*** ou ***avoir* au passé simple** et du **participe passé du verbe**.
Quand l'auxiliaire est *être*, le participe passé s'accorde en genre et **en nombre** avec le **sujet**.

Finir	Arriver
J'**eus** fini	Je **fus** arrivé(e)
Tu **eus** fini	Tu **fus** arrivé(e)
Elle, Il **eut** fini	Elle **fut** arrivée, Il **fut** arrivé
Nous **eûmes** fini	Nous **fûmes** arrivé(e)s
Vous **eûtes** fini	Vous **fûtes** arrivé(e)s
Elles, Ils **eurent** fini	Elles **furent** arrivées, Ils **furent** arrivés

Fiche 16 Les temps du récit

Rappel **L'imparfait et le passé simple** sont les principaux temps employés dans un **récit**.

• **Le passé simple** est employé pour les actions principales, celles qui font **progresser le récit**. Il présente les actions comme **achevées** et **bien délimitées dans le temps** : on pourrait préciser le moment exact où elles se sont produites.

Ex : Il **fit** son sac, **claqua** la porte et **s'en alla** (à successivement 7h30, 7h33 et 7h38).
Louis XIV **eut** un règne particulièrement long (de 1643 à 1715).

• **L'imparfait** est employé pour les actions dont on ne connaît ni le début ni la fin, les actions en train de se dérouler.
Ex : Tom **marchait** à grandes enjambées. (*Il était en train de marcher.*)

L'imparfait est donc utilisé pour la **description**.
Ex : Il **était** pieds et tête nus.

Il est aussi utilisé pour exprimer l'**habitude** et la **répétition.**
Ex : Chaque nuit, Tom **sortait** en cachette (*habitude*).
Dès que Becky le **regardait**, il **se sentait** rougir (*répétition*).

Fiche 17 L'attribut du sujet

L'attribut du sujet donne **une caractéristique du sujet** par l'intermédiaire d'un verbe qui est généralement un **verbe d'état** : *être, paraître, sembler, devenir, demeurer, rester, avoir l'air, passer pour…*

Ex : Cette maison (sujet) est jolie (attribut).

Quand l'attribut du sujet est un **adjectif**, il **s'accorde en genre et en nombre avec le sujet.**

Ex : Mes frères semblent contents.

Attention

Il ne faut pas confondre le complément d'objet direct et l'attribut du sujet.

– Le COD désigne un **objet différent du sujet** :

La fillette (sujet) avait perdu ses chaussures (COD).

→ *ses chaussures ≠ la fillette*

– L'attribut désigne une **caractéristique du sujet et nous renseigne sur lui** :

Mon père (sujet) était instituteur (attribut).

→ *instituteur = mon père*

Fiche 18 La phrase complexe

1 La proposition

On appelle ***proposition*** une partie de phrase cohérente **organisée autour d'un verbe conjugué.**

Si une phrase est constituée d'**une seule proposition**, c'est une **phrase simple.**

Si une phrase est constituée de **plusieurs propositions**, c'est une **phrase complexe.**

Pour trouver le nombre de propositions que contient une phrase, il faut **compter les verbes conjugués.**

Ex : [Quand Roland l'entend], [il se met à rire]. → *2 verbes conjugués = 2 propositions*

2 L'analyse de la phrase complexe

• **Quand les propositions peuvent exister l'une sans l'autre,** on dit qu'elles sont **indépendantes**.

Elles peuvent être **séparées par un signe de ponctuation** (virgule, point-virgule, deux points) : elles sont **juxtaposées**.

Ex : [Il pleut], [je ne sors pas].

Elles peuvent être **reliées par une conjonction de coordination** (*mais, ou, et, donc, or, ni, car*) : elles sont **coordonnées**.

Ex : [Il pleut], [**donc** je ne sors pas].

• **Quand les propositions dépendent l'une de l'autre** :

Une proposition principale est une proposition complétée par une proposition subordonnée.

Ex : [J'aimerais] (PP) [que tu viennes] (PS).

La proposition subordonnée sert à compléter une autre proposition. Elle est toujours introduite par :

– une **conjonction de subordination** (*quand, comme, si, que, lorsque, parce que, dès lors que, afin que, pour que, de sorte que, avant que…*) ;

– un **pronom relatif** (*qui, que, quoi, dont, où, lequel, laquelle, lesquels…*).

Ex : [**Lorsqu'**il fait beau] (PS conjonctive), [je sors] (PP).

[Je te présente l'ami] (PP) [**dont** je t'ai parlé] (PS relative).

Fiche 19 Le futur simple et le futur antérieur

1 Le futur simple

Les **terminaisons** sont **les mêmes pour tous les verbes** : *-ai*, *-as*, *-a*, *-ons*, *-ez*, *-ont*.
Pour la plupart des verbes, **le radical est l'infinitif** (sans le *-e* final pour les verbes en *-re*).
Ex : chanter → je chanterai

1er groupe	2e groupe	3e groupe
Chanter	**Finir**	**Prendre**
Je chanterai Tu chanteras Elle, Il chantera Nous chanterons Vous chanterez Elles, Ils chanteront	Je finirai Tu finiras Elle, Il finira Nous finirons Vous finirez Elles, Ils finiront	Je prendrai Tu prendras Elle, Il prendra Nous prendrons Vous prendrez Elles, Ils prendront

Attention

• **Certains verbes ont un radical irrégulier :**

être → je serai
avoir → j'aurai
faire → je ferai
aller → j'irai
savoir → je saurai
pouvoir → je pourrai
courir → je courrai
mourir → je mourrai
voir → je verrai
envoyer → j'enverrai
vouloir → je voudrai
valoir → je vaudrai
venir → je viendrai
tenir → je tiendrai
cueillir → je cueillerai

• **Difficultés orthographiques**

– Verbes en *-ier*, *-éer*, *-uer*, *-ouer* : ne pas oublier le *-e* muet du radical avant le *-r*. Ex : je crierai.
– Verbes en *-yer* : le *-y* devient *-i* sauf pour les verbes en *-ayer* qui peuvent garder le *-y* à toutes les personnes.
Ex : essuyer → tu essuieras ; aboyer → il aboiera ; payer → ils paieront ou ils payeront.
– **Appeler**, **jeter** et leurs composés doublent la consonne à toutes les personnes : j'appellerai ; il jettera.

2 Le futur antérieur

Ce **temps composé** est formé de l'**auxiliaire** ***être*** ou ***avoir*** **au futur simple** et du participe passé du verbe.

Aller		**Prendre**	
Je **serai** allé(e)	Nous **serons** allé(e)s	J'**aurai** pris	Nous **aurons** pris
Tu **seras** allé(e)	Vous **serez** allé(e)s	Tu **auras** pris	Vous **aurez** pris
Elle **sera** allée, Il **sera** allé	Elles **seront** allées, Ils **seront** allés	Elle, Il **aura** pris	Elles, Ils **auront** pris

Remarque :
Le **futur antérieur** permet d'indiquer qu'une **action future** s'est passée **avant celle** exprimée au **futur simple.**
Ex : Nous mangerons (*action 2, futur simple*) lorsque tu seras rentré (*action 1, futur antérieur*).

Fiche 20 Les expansions du nom

1 Le groupe nominal (GN)

Un nom est rarement employé seul. **Le nom et les mots qui le complètent** forment le **groupe nominal.**
Le nom qui est complété s'appelle **le noyau du groupe nominal.**
Ex : J'ai acheté une maison (GN). J'ai acheté une jolie maison de campagne (GN).

❷ Les expansions du nom

Le nom est souvent précisé par **un ou plusieurs mots**, qu'on appelle des **expansions du nom** :

– **l'adjectif qualificatif** : une jolie maison.
Dans le GN, l'adjectif a toujours pour fonction **épithète du nom**.

– **un autre mot qui vient le compléter** par l'intermédiaire d'une **préposition** (souvent *à*, *de*, *en*) :
une maison de campagne, un mur en pierre, une machine à coudre.
Ce groupe prépositionnel a pour fonction **complément du nom**.

– **une proposition subordonnée relative introduite par un pronom relatif** :
J'ai acheté la maison que tu m'as fait visiter.
Cette proposition a pour fonction **complément du nom** ou **complément de l'antécédent**.
L'antécédent est le nom **complété** par la proposition subordonnée relative.
Les pronoms relatifs sont : *qui, que, quoi, dont, où, lequel, laquelle, lesquels*.

Fiche 21 La proposition subordonnée relative

Rappel **Une proposition subordonnée** complète toujours une autre **proposition**.

❶ La proposition subordonnée relative

Elle complète un **nom** ou un **pronom** placé dans **une autre proposition**.

Ex : [J'aime le foulard] [que tu as acheté].
→ *La proposition* « que tu as acheté » *complète le nom* « foulard ».

La proposition subordonnée relative est toujours introduite par un **pronom relatif** dont la liste est la suivante : *qui, que, quoi, dont, où, lequel, laquelle, lesquels*.

Le pronom relatif remplace un **nom** qui est généralement placé juste avant la proposition subordonnée relative et qu'on appelle **l'antécédent**.

Ex : J'aime le foulard **que** tu as acheté.
→ « Que » *remplace le nom* « foulard ».

La proposition subordonnée relative a pour **fonction** **complément de l'antécédent**.

❷ La fonction du pronom relatif

Le pronom relatif a une fonction à **l'intérieur de la proposition subordonnée relative**.

– **Qui :** toujours **sujet** du verbe de la proposition subordonnée relative.
Ex : J'aime les fleurs [**qui** poussent dans cette allée].
sujet

– **Que :** toujours **COD** (parfois attribut du sujet) du verbe de la proposition subordonnée relative.
Ex : J'aime les fleurs [**que** tu m'as offertes].
COD

– **Dont :** **complément du nom** ou **COI** du verbe de la proposition subordonnée relative.
Ex : J'aime une fleur [**dont** j'ignore le nom].
Cdn
J'aime l'endroit [**dont** tu m'as parlé].
COI

– **Où :** **CC de lieu** ou **de temps** du verbe de la proposition subordonnée relative.
Ex : J'aime le parc [**où** nous nous sommes promenés].
CC de lieu

– **Lequel** : souvent précédé d'une préposition, il peut avoir les fonctions de **COI** ou de **complément circonstanciel**.

Ex : J'aime ce jardin [**dans lequel** nichent tant d'oiseaux].
CC de lieu

La ville [**à laquelle** je pense se trouve au nord].
COI

Fiche 22 Le mode conditionnel

Rappel **Le conditionnel** est un **mode**, comme l'indicatif ou l'impératif. Il indique que **l'action n'est pas réalisée, mais seulement imaginée.**

1 Conjugaison

• **Le conditionnel présent**

Les **terminaisons** sont celles de **l'imparfait** et le **radical** est celui du **futur**, **c'est-à-dire l'infinitif.**

Ex : je **danser**-ais, il **prendr**-ait, nous **finir**-ions.

Attention

Certains radicaux sont irréguliers : courir → je **courr**ais ; envoyer → j'**enverr**ais ; aller → ils **ir**aient ; tenir → je **tiendr**ais.

• **Le conditionnel passé** se conjugue à l'aide de l'**auxiliaire** ***avoir*** ou ***être*** conjugué au **conditionnel présent** suivi du **participe passé du verbe.**

Ex : j'**aurais** voulu, elles **seraient** parties

Conditionnel présent		Conditionnel passé
Crier	**Boire**	**Partir**
Je cri**erais**	Je boi**rais**	Je **serais** parti(e)
Tu cri**erais**	Tu boi**rais**	Tu **serais** parti(e)
Elle, Il cri**erait**	Elle, Il boi**rait**	Elle, Il **serait** parti(e)
Nous cri**erions**	Nous boi**rions**	Nous **serions** parti(e)s
Vous cri**eriez**	Vous boi**riez**	Vous **seriez** parti(e)s
Elles, Ils cri**eraient**	Elles, Ils boi**raient**	Elles, Ils **seraient** parti(e)s

2 Emplois

– Une **situation imaginaire, rêvée.**

Ex : Nous irions vivre sur la lune.

– Un **souhait** ou un **conseil**.

Ex : Nous aimerions nous revoir.
Vous devriez vous revoir.

– Une **action soumise à condition.**

Ex : Si tu voulais, nous partirions en voyage.

– Une **information incertaine.**

Ex : Ils se seraient rencontrés pendant les vacances.

– Une **demande atténuée** par politesse.

Ex : Je voudrais que vous sortiez.

Dans un récit au passé, le conditionnel remplace le futur.

Ex : Je savais que nous nous reverrions. (→ *Je sais que nous nous reverrons.*)

Fiche 23 Les compléments circonstanciels de cause, temps et but

1 Qu'est-ce qu'un complément circonstanciel ?

Certains compléments indiquent les **circonstances dans lesquelles se produit l'action** : ce sont les **compléments circonstanciels**.

Ils répondent aux questions « **où ?** », « **quand ?** », « **comment ?** », « **pourquoi ?** ».

Les compléments circonstanciels expriment différentes circonstances comme :

- le **lieu**. Ex : Renart rentra chez lui.
- le **temps**. Ex : Renart revint à la nuit tombée.
- la **manière.** Ex : Renart entra en silence.
- la **cause.** Ex : Renart est parti parce qu'il était malade.
- le **but.** Ex : Renart est parti pour échapper aux chasseurs.

2 Identifier les compléments circonstanciels

Le complément circonstanciel de **temps** répond à la question **« quand ? »**

Le complément circonstanciel de **lieu** répond à la question **« où ? »**

Les compléments circonstanciels de **cause** et de **but** répondent à la question **« pourquoi ? »**

3 Ne confondez pas cause et but

Tous deux répondent à la question « **pourquoi ?** », mais avec **des sens différents**.

– Le complément circonstanciel de **cause** répond à la question « pourquoi ? », c'est-à-dire **« pour quelle raison ? »**

– Le complément circonstanciel de **but** répond à la question « pourquoi ? », c'est-à-dire **« dans quel but ? »**, **« pour quoi faire ? »**

Ex : Bastien s'est absenté parce qu'il a un rendez-vous.

→ *Bastien s'est absenté pour quelle raison ? parce qu'il a un rendez-vous. → CC de cause du verbe « s'absenter ».*

Bastien s'est absenté pour nourrir les animaux.

→ *Bastien s'est absenté pour quoi faire ? pour nourrir les animaux. → CC de but du verbe « s'absenter ».*

Fiche 24 Le subjonctif

1 Le mode subjonctif

Le subjonctif est le mode des **actions incertaines** : elles sont seulement envisagées.

Ce mode comprend quatre temps, mais nous en étudierons deux dans cette leçon : le **présent** (**temps simple**) et le **passé** (**temps composé**).

Pour trouver plus facilement la conjugaison du subjonctif, on met « **il faut que** » devant le verbe.

2 Conjugaison du présent du subjonctif

Pour tous les verbes **sauf *avoir* et *être***, les terminaisons sont : ***-e***, ***-es***, ***-e***, ***-ions***, ***-iez***, ***-ent***.

1er groupe	2e groupe	3e groupe
Que je mange Que tu manges Qu'elle, il mange Que nous mangions Que vous mangiez Qu'elles, ils mangent	Que je finisse Que tu finisses Qu'elle, il finisse Que nous finissions Que vous finissiez Qu'elles, ils finissent	Que je voie Que tu voies Qu'il voie Que nous voyions Que vous voyiez Qu'ils voient

Attention
- **Verbes en *-ier* et *-yer* :** que nous criions, que nous essuyions.
- ***Être*** : que je sois, tu sois, il soit, nous soyons, vous soyez, elles soient.
- ***Avoir*** : que j'aie, tu aies, il ait, nous ayons, vous ayez, elles aient.
- **Quelques verbes à connaître :** aller → que j'aille ; faire → que je fasse ; pouvoir → que je puisse ; savoir → que je sache.

3 Conjugaison du passé du subjonctif

C'est un **temps composé** : il est formé de l'**auxiliaire *être*** ou ***avoir* au subjonctif présent** et du **participe passé du verbe.**

Ex : que j'aie fait, qu'il soit venu

4 Valeurs et emplois

Dans les propositions indépendantes, il exprime : le **souhait**, l'**ordre**, la **prière**, la **supposition**, l'**indignation**.

Il est aussi employé dans **les propositions subordonnées conjonctives COD d'un verbe exprimant** : le **souhait**, le **doute**, la **crainte** (le fait est possible, mais non certain).

Ex : J'aimerais qu'il vienne.
Je crains qu'il ne vienne pas.

Fiche 25 Les propositions subordonnées conjonctives

La proposition subordonnée conjonctive commence par une **conjonction de subordination** (*que, quand, comme, si, puisque, parce que, lorsque, afin que*…).

Elle **complète généralement un verbe.**

– La proposition subordonnée conjonctive **introduite par « que »** est généralement **COD** ou **COI du verbe,** parfois **sujet** ou **attribut**.

Ex : Son frère lui répète [que ce projet n'est pas raisonnable].

– Les propositions subordonnées conjonctives **introduites par une autre conjonction de subordination** (*puisque, parce que, afin que*, etc.) sont toujours **complément circonstanciel du verbe.**

Ex : [Lorsque nous sommes arrivés], l'homme dormait.
CC temps du verbe « dormir ».

Marc est sorti [parce qu'il se sentait mal].
CC cause du verbe « sortir ».

Ses parents ont fait tant de sacrifices [pour qu'il réussisse] !
CC but du verbe « faire ».

Attention

Ne confondez pas les propositions subordonnées conjonctives introduites par la **conjonction *que*** et les propositions subordonnées relatives introduites par le **pronom relatif *que*** : **la proposition subordonnée relative complète un nom, la proposition subordonnée conjonctive complète un verbe**.

Ex : J'aime **le livre** [que tu m'as offert].
Je **voudrais** [que tu m'offres un livre].

Tableaux de conjugaison

ÊTRE

INDICATIF	
Présent	**Passé composé**
je suis tu es il est nous sommes vous êtes elles sont	j'ai été tu as été il a été nous avons été vous avez été elles ont été
Imparfait	**Plus-que-parfait**
j'étais tu étais il était nous étions vous étiez elles étaient	j'avais été tu avais été il avait été nous avions été vous aviez été elles avaient été
Passé simple	**Passé antérieur**
je fus tu fus il fut nous fûmes vous fûtes elles furent	j'eus été tu eus été il eut été nous eûmes été vous eûtes été elles eurent été
Futur simple	**Futur antérieur**
je serai tu seras il sera nous serons vous serez elles seront	j'aurai été tu auras été il aura été nous aurons été vous aurez été elles auront été
CONDITIONNEL	
Présent	**Passé**
je serais tu serais il serait nous serions vous seriez elles seraient	j'aurais été tu aurais été il aurait été nous aurions été vous auriez été elles auraient été
SUBJONCTIF	
Présent	**Passé**
que je sois que tu sois qu'il soit que nous soyons que vous soyez qu'elles soient	que j'aie été que tu aies été qu'il ait été que nous ayons été que vous ayez été qu'elles aient été
IMPÉRATIF	
Présent	**Passé**
sois soyons soyez	aie été ayons été ayez été
INFINITIF	
Présent	**Passé**
être	avoir été
PARTICIPE	
Présent	**Passé**
étant	été

AVOIR

INDICATIF	
Présent	**Passé composé**
j'ai tu as il a nous avons vous avez elles ont	j'ai eu tu as eu il a eu nous avons eu vous avez eu elles ont eu
Imparfait	**Plus-que-parfait**
j'avais tu avais il avait nous avions vous aviez elles avaient	j'avais eu tu avais eu il avait eu nous avions eu vous aviez eu elles avaient eu
Passé simple	**Passé antérieur**
j'eus tu eus il eut nous eûmes vous eûtes elles eurent	j'eus eu tu eus eu il eut eu nous eûmes eu vous eûtes eu elles eurent eu
Futur simple	**Futur antérieur**
j'aurai tu auras il aura nous aurons vous aurez elles auront	j'aurai eu tu auras eu il aura eu nous aurons eu vous aurez eu elles auront eu
CONDITIONNEL	
Présent	**Passé**
j'aurais tu aurais il aurait nous aurions vous auriez elles auraient	j'aurais eu tu aurais eu il aurait eu nous aurions eu vous auriez eu elles auraient eu
SUBJONCTIF	
Présent	**Passé**
que j'aie que tu aies qu'il ait que nous ayons que vous ayez qu'elles aient	que j'aie eu que tu aies eu qu'il ait eu que nous ayons eu que vous ayez eu qu'elles aient eu
IMPÉRATIF	
Présent	**Passé**
aie ayons ayez	aie eu ayons eu ayez eu
INFINITIF	
Présent	**Passé**
avoir	avoir eu
PARTICIPE	
Présent	**Passé**
ayant	eu(e)(s)

FAIRE (3e groupe)

INDICATIF	
Présent	**Passé composé**
je fais tu fais il fait nous faisons vous faites elles font	j'ai fait tu as fait il a fait nous avons fait vous avez fait elles ont fait
Imparfait	**Plus-que-parfait**
je faisais tu faisais il faisait nous faisions vous faisiez elles faisaient	j'avais fait tu avais fait il avait fait nous avions fait vous aviez fait elles avaient fait
Passé simple	**Passé antérieur**
je fis tu fis il fit nous fîmes vous fîtes elles firent	j'eus fait tu eus fait il eut fait nous eûmes fait vous eûtes fait elles eurent fait
Futur simple	**Futur antérieur**
je ferai tu feras il fera nous ferons vous ferez elles feront	j'aurai fait tu auras fait il aura fait nous aurons fait vous aurez fait elles auront fait
CONDITIONNEL	
Présent	**Passé**
je ferais tu ferais il ferait nous ferions vous feriez elles feraient	j'aurais fait tu aurais fait il aurait fait nous aurions fait vous auriez fait elles auraient fait
SUBJONCTIF	
Présent	**Passé**
que je fasse que tu fasses qu'il fasse que nous fassions que vous fassiez qu'elles fassent	que j'aie fait que tu aies fait qu'il ait fait que nous ayons fait que vous ayez fait qu'elles aient fait
IMPÉRATIF	
Présent	**Passé**
fais faisons faites	aie fait ayons fait ayez fait
INFINITIF	
Présent	**Passé**
faire	avoir fait
PARTICIPE	
Présent	**Passé**
faisant	fait(e)(s)

Tableaux de conjugaison

ÉCOUTER (1er groupe)

INDICATIF	
Présent	Passé composé
j’écoute tu écoutes il écoute nous écoutons vous écoutez elles écoutent	j’ai écouté tu as écouté il a écouté nous avons écouté vous avez écouté elles ont écouté
Imparfait	Plus-que-parfait
j’écoutais tu écoutais il écoutait nous écoutions vous écoutiez elles écoutaient	j’avais écouté tu avais écouté il avait écouté nous avions écouté vous aviez écouté elles avaient écouté
Passé simple	Passé antérieur
j’écoutai tu écoutas il écouta nous écoutâmes vous écoutâtes elles écoutèrent	j’eus écouté tu eus écouté il eut écouté nous eûmes écouté vous eûtes écouté elles eurent écouté
Futur simple	Futur antérieur
j’écouterai tu écouteras il écoutera nous écouterons vous écouterez elles écouteront	j’aurai écouté tu auras écouté il aura écouté nous aurons écouté vous aurez écouté elles auront écouté
CONDITIONNEL	
Présent	Passé
j’écouterais tu écouterais il écouterait nous écouterions vous écouteriez elles écouteraient	j’aurais écouté tu aurais écouté il aurait écouté nous aurions écouté vous auriez écouté elles auraient écouté
SUBJONCTIF	
Présent	Passé
que j’écoute que tu écoutes qu’il écoute que nous écoutions que vous écoutiez qu’elles écoutent	que j’aie écouté que tu aies écouté qu’il ait écouté que nous ayons écouté que vous ayez écouté qu’elles aient écouté
IMPÉRATIF	
Présent	Passé
écoute écoutons écoutez	aie écouté ayons écouté ayez écouté
INFINITIF	
Présent	Passé
écouter	avoir écouté
PARTICIPE	
Présent	Passé
écoutant	écouté(e)(s)

FINIR (2e groupe)

INDICATIF	
Présent	Passé composé
je finis tu finis il finit nous finissons vous finissez elles finissent	j’ai fini tu as fini il a fini nous avons fini vous avez fini elles ont fini
Imparfait	Plus-que-parfait
je finissais tu finissais il finissait nous finissions vous finissiez elles finissaient	j’avais fini tu avais fini il avait fini nous avions fini vous aviez fini elles avaient fini
Passé simple	Passé antérieur
je finis tu finis il finit nous finîmes vous finîtes elles finirent	j’eus fini tu eus fini il eut fini nous eûmes fini vous eûtes fini elles eurent fini
Futur simple	Futur antérieur
je finirai tu finiras il finira nous finirons vous finirez elles finiront	j’aurai fini tu auras fini il aura fini nous aurons fini vous aurez fini elles auront fini
CONDITIONNEL	
Présent	Passé
je finirais tu finirais il finirait nous finirions vous finiriez elles finiraient	j’aurais fini tu aurais fini il aurait fini nous aurions fini vous auriez fini elles auraient fini
SUBJONCTIF	
Présent	Passé
que je finisse que tu finisses qu’il finisse que nous finissions que vous finissiez qu’elles finissent	que j’aie fini que tu aies fini qu’il ait fini que nous ayons fini que vous ayez fini qu’elles aient fini
IMPÉRATIF	
Présent	Passé
finis finissons finissez	aie fini ayons fini ayez fini
INFINITIF	
Présent	Passé
finir	avoir fini
PARTICIPE	
Présent	Passé
finissant	fini(e)(s)

POUVOIR (3e groupe)

INDICATIF	
Présent	Passé composé
je peux tu peux il peut nous pouvons vous pouvez elles peuvent	j’ai pu tu as pu il a pu nous avons pu vous avez pu elles ont pu
Imparfait	Plus-que-parfait
je pouvais tu pouvais il pouvait nous pouvions vous pouviez elles pouvaient	j’avais pu tu avais pu il avait pu nous avions pu vous aviez pu elles avaient pu
Passé simple	Passé antérieur
je pus tu pus il put nous pûmes vous pûtes elles purent	j’eus pu tu eus pu il eut pu nous eûmes pu vous eûtes pu elles eurent pu
Futur simple	Futur antérieur
je pourrai tu pourras il pourra nous pourrons vous pourrez elles pourront	j’aurai pu tu auras pu il aura pu nous aurons pu vous aurez pu elles auront pu
CONDITIONNEL	
Présent	Passé
je pourrais tu pourrais il pourrait nous pourrions vous pourriez elles pourraient	j’aurais pu tu aurais pu il aurait pu nous aurions pu vous auriez pu elles auraient pu
SUBJONCTIF	
Présent	Passé
que je puisse que tu puisses qu’il puisse que nous puissions que vous puissiez qu’elles puissent	que j’aie pu que tu aies pu qu’il ait pu que nous ayons pu que vous ayez pu qu’elles aient pu
IMPÉRATIF	
Présent	Passé
–	–
INFINITIF	
Présent	Passé
pouvoir	avoir pu
PARTICIPE	
Présent	Passé
pouvant	pu

Édition : Josiane Attucci-Jan, Suzanne Pointu
Coordination éditoriale : Claire Beilin-Bourgeois
Conception graphique : Clémentine Largant
Mise en page : STDI
Fabrication : Kévin Magar
Couverture et illustration : Aurélie Épenoy

N° de projet 10277421 Dépôt légal : Avril 2020 Achevé d'imprimer en Septembre 2021 par Rotolito S.p.A. Italie